卡 耐 基
# 人性的弱点

[美]戴尔·卡耐基 / 著　尹航 / 编译

吉林出版集团股份有限公司

**图书在版编目（CIP）数据**

卡耐基：人性的弱点 ／（美）戴尔·卡耐基著；尹航编译. — 长春：吉林出版集团股份有限公司，2019.1

（读书会）

ISBN 978-7-5581-6214-5

Ⅰ．①卡… Ⅱ．①戴… ②尹… Ⅲ．①心理交往－通俗读物 Ⅳ．① C912.11-49

中国版本图书馆 CIP 数据核字（2018）第 288248 号

KANAIJI:RENXING DE RUODIAN

**卡 耐 基 : 人 性 的 弱 点**

作　　者：（美）戴尔·卡耐基
编　　译：尹　航
出版策划：孙　昶
责任编辑：刘晓敏
装帧设计：罗　雷
出　　版：吉林出版集团股份有限公司（www.jlpg.cn）
　　　　　（长春市人民大街4646号，邮政编码 130021）
发　　行：吉林出版集团译文图书经营有限公司
　　　　　（http://shop34896900.taobao.com）
电　　话：总编办　0431-85656961　　营销部　0431-85671728/85671730
制　　作：日知图书（www.rzbook.com）
印　　刷：文畅阁印刷有限公司
开　　本：710毫米×1000毫米　1/16
印　　张：16
字　　数：220千字
版　　次：2019年1月第1版
印　　次：2019年1月第1次印刷
书　　号：ISBN 978-7-5581-6214-5
定　　价：49.00元

营销分类：励志

# 前 言

　　美国著名的教育家和演讲口才艺术家——戴尔·卡耐基被誉为"美国现代成人教育之父"。他的成功励志类书籍自 1937 年上市以来就深受世界各地读者的喜爱，半个多世纪以来一直非常畅销。卡耐基的言谈可谓是字字珠玑，每一句都是他一生探究人性的精华所在。作为人类出版史上最畅销的书籍之一，卡耐基这本《人性的弱点》为无数渴望成功与追求高素质生活的人们指明了方向。

　　美国前总统约翰·肯尼迪说："卡耐基留给我们的不仅仅是几本书和一所学校，其真正的价值是：他把个人成功的技巧传授给了每一个想出人头地的年轻人。"在本书中，卡耐基运用社会学和心理学知识，对人性进行了深刻的探讨和分析，涉及如何与人相处、如何摆脱忧虑与烦恼、如何拥有和睦的家庭等方面。卡耐基通过讲述许多普通人通过自身努力获得成功的故事，激励了无数处在迷茫和困境中的人，并帮他们重新开启了幸福的人生。

卡耐基曾经说过："The great aim of education is not knowledge but action（教育的首要目标不是获得知识而是付诸实践）。"再好的理论知识如果不付诸实践都等于零！无数读者通过阅读和实践书中介绍的各种方法，不仅走出困境，还成了世人仰慕的杰出人士。亲爱的读者，相信你从翻开这本书的那一刻起，就已经开始了一段不寻常的心灵之旅。请细细研读本书中的每一句话吧，智慧没有国界，就让卡耐基的智慧开启你的奇迹之门，开创你的精彩人生！

# 第一章

与人相处的基本技巧

我们要想更好地与人相处，就需要有美好的品德和宽容的心。这是在我们心里埋藏许久的奢侈品，把它们拿出来与人分享，会让世界变得更加自然，让人性得以彰显，让生活丰富多彩！我们要牢记这句话：不要批评、责怪或抱怨！

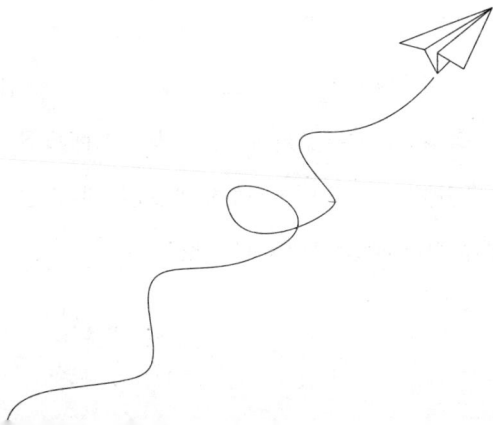

# 采蜜，请不要损坏蜂房

人们常常如此：做错了事的时候，也不会自我批评，
只会为自己辩护、开脱，把责任推给他人。

1931年5月7日，这是一个让纽约人无法忘却的日子。追捕"双枪恶徒"克罗里的行动打乱了人们下午喝咖啡、读报的习惯，一万多名围观群众惊恐地目睹了这场激烈的枪战。克罗里是一个地地道道的恶棍，他杀人不眨眼，几乎是纽约有史以来最危险的罪犯。

在这次事件中，他同前来抓捕他的150名警察周旋数小时之久。在激烈的枪战中，克罗里依偎在沙发的一旁，用他颤抖的手在一片纸上写下了"在我衣服之下，是一颗疲惫的心——那也是一颗仁慈的、不愿意伤害任何人的心"的话语。这片纸已经被他身上不断流出的血给浸润了，但门外的手枪和机枪的声音却一直没有停止。最后，在烟幕弹和催泪弹的掩护下，警察们迅速冲了进来，将克罗里抓捕归案。审判结束了，克罗里毫无疑问地被判处死刑。当他走进受刑室时，他的临终遗言是"这就是我为维护自己的权利而得到的结果"。

就在这次追捕之前，克罗里仅仅因为一名警员想对他的车进行检查，耽误了他和女友的调情，便一声不响地拔出枪，对这名毫无防备的警员开枪射击。在枪杀了这名警员后，他怒气未消，又跳下车来，对尸体连开数枪，然后扬长而去。这难道可以说是为维护自己权利而进行的自卫吗？他就如同禽兽一般，毫无自控力与道德底线，危害着那些无辜的人，却认为那是生命的救赎！

星星监狱的监狱长刘易斯曾说过："牢里的罪犯很少认为自己是坏人，他们都能为自己的反社会行为做出合乎逻辑的解释，坚信自己被关进监狱是一个错误。"

亲爱的朋友们，这就是人类的天性，他们只知道一味地为自己争辩！连罪犯都不愿意承认自己犯罪，一般人更不会承认自己犯错了。让我们想想，如果他们有一颗自责的心，而不是一味地找借口为自己辩护，他们一定会对所做的事深感内疚。在经过无数个日日夜夜的艰难挣扎后，他们就可以成为一个不再为人唾弃、热爱生活的好人。正如白朗宁所说："当一个人先从自己的内心开始奋斗，他就是个有价值的人。"

每个人心中都有自己的英雄。在美国的历史上，我们很少可以看到被人一直称颂的领袖，但亚伯拉罕·林肯无疑是其中最为优秀的一员，他在死之前被人们称为"最完美的元首"。可是林肯是否从出生起就是人们标榜的楷模？答案当然是否定的。他也曾年少轻狂，写诗讽刺别人是他的乐趣。那些小诗经常被扔到繁华的街道，好让人们捡起评头论足。有一次，林肯在报纸上写文章讥讽爱尔兰政客史尔兹自大好斗。可是，这封信给林肯带来的不是掌声，而是史尔兹气急败坏的决斗！

这是林肯一生中最为难堪的一件事，它给林肯在为人处世方面上了极其宝贵的一课。自此之后，他再没有侮辱取笑过别人，更没有直接批评过别人。他后来最喜欢引用的一句格言就是："只有不轻易地去议论别人，别人才不会随意地去议论你。"

美国内战时，格兰特将军由于没有听从林肯的指挥，在盖茨堡战役中错失击溃敌军的良机。这使得战争有可能会无限期延长下去。林肯得知情况后勃然大怒，写了一封对自己来说再严厉不过，但事实上却相当克制的信。他在信中指出：

敌人本来在我们的掌控之中，如果当时你能够下令继续进攻，加上我们在其他方面的一些胜利，或许我们就能把战争结束了。但是现在……我已经不对你的成功抱有希望，你的良机已经丧失了，我感到非常遗憾。

然而，就是这样一封信，林肯也没有发到格兰特的手中。他对自己说："我不该如此匆忙地下结论。战场上的血腥，伤兵们的哀号，或许是他退缩的原因，我坐在白宫里根本不能理解格兰特的处境。"林肯认为这封信不能改变铁一般的事实，只能使格兰特为自己辩护，或许会迫使他辞职，这并不是他想得到的结果。他从过去痛苦的经验中已经学到：尖刻的批评和指责只会伤害别人，并不能改变木已成舟的事实。

过分地指责他人，只会给他人带来伤害，并给自己带来无休止的烦恼，我们要努力避免这种情况的发生。尊严是生活给予我们每一个人的宝贵财富，拥有尊严是一个人生命的底线。正如强森博士所说："在末日来临之前，上帝也不曾打算审判人！"那么，我们还有什么资格去评判别人呢？

如果说批评会破坏团结、伤害感情，那么善意的提醒是否能事半功倍、出人意料地达到目的呢？种瓜得瓜，种豆得豆。结果往往在事情发生时就决定了！要想得到好的结果，我们需要善于克制情绪，将危害降到最低，甚至消灭在萌芽状态之中。

江士顿是俄克拉荷马州尼德市一家工程公司刚刚上任的安全检查员，他负责监督员工按照规章进行安全生产。他觉得这是一份极其简单又枯燥无聊的工作，所以每当看到有人不戴安全帽工作的时候，他总是满腹牢骚地提醒员工们牢记工作时一定要戴安全帽。久而久之，员工们只是表面上对他言听计从，背后却都在谈论他，他的威信受到了极大的挑战。在这种工作氛围中，他觉得度日如年，每天都感觉到处都是对他指指点点的食指，到处传出对他的嘘声。他渐渐失去了对工作的积极性，事实上这更像是一种逃避。他知道，自己时刻处于崩溃的边缘！

一次偶然的机会，他坐在咖啡厅，凝望着不远处的一个小男孩，不由得想起了儿时无忧无虑的快乐时光。对比此时的不顺，他心中又是阵阵酸楚。突然，那个孩子弄洒了妈妈杯子里的水，自己也被烫了一下，哭声、叫喊声随即而至。旁边的妈妈急忙将他身上的污渍擦去，然后抚摸着他的小脸，温柔地"教训"他。

妈妈的"教训"显得很温柔，大概意思是说：危险总是在我们身边，要学会保护自己，在危险发生之前，要小心谨慎，不能因为自己的疏忽大意或是一时贪玩而造成严重后果。妈妈最后还扣了孩子一星期的零花钱。

看到这一幕，江士顿的心情顿感轻松，于是高兴地离开了咖啡厅。在以后的日子里，他换了一种工作方式，主动上前轻声招呼那些不戴安全帽的人，问他们是不是帽子不舒服或是不合适，并且用愉快的语气提醒员工们戴安全帽的重要性。结果可想而知，员工们由于他的热心关怀，慢慢对他产生了敬意，工作积极性也随之提高。在融洽的工作环境中，公司的安全生产自然也没有出过任何问题。数月后，由于在工作上的杰出成绩，他得到了领导的提拔。所以，如果一个人想要批评或劝服他人，那么他必须首先克服自身的弱点和缺陷。只有当一个人让人敬佩时，他才有资格评判他人。我们在与他人相处时，一定要把握原则和分寸。人人都有自尊心，请不要去伤害别人的自尊心。有时候过分的苛责会让人感到颜面扫地，就像一把利剑，会直插人的心脏，导致人死亡。

胡尔德将军由于受到了他人的批评，自信心受到了极大的打击，为此差点断送了他的性命；英国著名文学家托马斯·哈代在受到了尖刻的批评后，自信心备受打击；英国诗人托马斯·卡登更是因为受不了批评而自杀。

当然，也有相反的例子，年轻时并不是非常聪明的本杰明·富兰克林，后来却成了美国驻法大使，他成功的方法就是：他只是注意他人的优点而不愿意说任何一个人的坏话。我们要想更好地与人相处，就需要有美好的品德和宽容的心。这是在我们心里埋藏许久的奢侈品，把它们拿出来与人分享，会让世界变得更加自然，让人性得以彰显，让生活丰富多彩！我们要牢记这句话：不要批评、责怪或抱怨！

# 真诚地赞美他人

赞赏源于真诚，谄媚始于虚伪；

赞赏为人钦佩，谄媚令人不齿。

让我们把恭维、谄媚彻底抛弃，细心去研究别人的优点，

用由衷、诚恳的赞赏去收获我们忠实的伙伴。

　　小时候，我们可能有过成为超人的梦想。那种可以驾驭自己的生活，经常在危急时刻出现的英雄是我们心目中的偶像。于是，我们梦想着自己也会临危受命，统领千军万马，驰骋疆场，将入侵的敌人统统消灭。

　　现实中的我们有时会很苦恼，经常看到别人没有按照自己的意愿去办事。他们在推脱，他们在掩饰。这时候，我们往往对自己的人格魅力产生怀疑，甚至开始怀疑自己的工作能力——事情真的到了那种无法挽回的地步？

　　让我们回忆一下，我们是否曾经用恐吓、辱骂，甚至是藤条教训了孩子，只因为想让他按照我们的要求做成一件事？我们是否曾经为了获得更多的利益，便用解雇的方法去威胁我们的员工，让他们加班到深

夜？我们是否曾经躲在阴暗的角落里，用一只手枪去对着别人的胸膛，只因为他腕上戴着我们最喜欢的手表？

我想说的是：这些方法太过笨拙了，它们或多或少都会给我们带来无法预想的负面效应。也许我们会问：想要达到自己的目的，成功地让其他人自愿去做一件事，我们应该准备些什么？我可以很认真地说：唯一的办法就是尽量先去满足他的需求。

弗洛伊德是奥地利的一位极负盛誉的心理学家，他曾说，万事都起源于两种动机——"性冲动"以及"获取重要位置的欲望"。美国的著名哲学家杜威教授也有过类似的见解：人类天性中的本质冲动就是"成为重要人物的欲望"。

既然提到需要，我们可能马上会想到许多。可是我们真正需要什么呢？哪些是值得我们终生为之奋斗追求的呢？暂列如下，仅供参考：

1. 健康，它是我们生命不息的源泉；

2. 食物，它是我们充满活力的保障；

3. 睡眠，它是我们战胜疲劳的支撑；

4. 金钱，它是我们追求幸福的可能；

5. 保险，它是我们后顾之忧的解除；

6. 自尊，它是我们个性外露的升华；

7. 子女，他们是我们辛苦工作的动力。

这些都是最原始、最朴素的需要。可是，经过仔细观察我们会发现：对于包括名声、荣誉以及社会地位在内的自尊感，是最难以满足的。这其实也就是弗洛伊德所说的"获取重要位置的欲望"以及杜威所说的"成为重要人物的欲望"。

威廉·詹姆士曾说：人类天性中极其重要的一点就是"渴求"被人重视。请注意他所用的词汇，他并不是说"希望""渴望"或是"愿望"。"渴求"反映了人类最真切的愿望，它是我们震彻心扉的呐喊！

寻求自尊感的欲望是人类和动物间一项重要的差别。我们可以大胆做一个假设：是否由于想要脱离其他动物所表现出来的平凡，我们的祖先在自尊感的强烈推动下"直立行走"，才有了后来的不断进化，最终产生了人类文明！

如果你觉得这样说有点远了，那么我们再来看看林肯。

众所周知，他曾是一个没有受过良好教育，在一家杂货店工作的贫困店员。他每天看着来来往往的顾客，看着他们讲究的西服、领带，看着他们手中那些似乎可以钩住一切的拐杖，感受着那些道貌岸然的商人们对他的不屑一顾，这些强烈地刺激了他的自尊心。于是他把仅有的钱拿出来买法律书籍，经过仔细研读以及日后的亲身实践，他终于成为受人敬仰的领袖。

同样是这种对于自尊感的强烈需求激发出狄更斯的创作热情，使他成为一代文学大师，创作出不朽的名著；激发出洛克菲勒的创业天赋，使他得到一辈子花不完的钱；激励我们所知道的每一个名人完成他们的梦想，用坚毅展示自己的魅力！

不可否认的是，也有一些人将自尊心化作虚荣心，做出了让后人感到可笑的事。哥伦布曾向王室恳请被授予"海洋大将"和"印度总督"的头衔，凯瑟琳曾因为信上没有称她为"女皇陛下"而拒绝阅读这些信件，就连雨果也曾想过让巴黎以他的名字重新命名。

更为可笑的是，有些人竟然为了获取他人的同情、关注而去装病，还有一些人为了得到他人尊重，丧尽天良，为非作歹，置他人的生命安全于不顾。这样的人是可耻的，可是他们不知道他们滑稽的表演正在成为别人心中的疤痕，那些曾有过的尊敬与痛惜，都随着时间的推移而慢慢消失了。

某些心理学专家宣称：为了在疯狂的幻觉中寻找现实世界中无法体会的自尊感，许多人精神分裂，甚至发疯！在医院里工作的人会发现：患精神病的人数往往要比患其他病的人数的总和还要多。这绝对不是耸人听闻，你我都处在危险之中，可问题是从来没有人告诉过我们这些。当事情发生之后，说什么都晚了！

那么，精神失常的原因是什么呢？我想没有人可以准确地回答出来。事实上，有一部分人是因为常年地酗酒、吸毒导致脑细胞受到损伤而生病。然而令人惊讶的是，还有一大部分人本来就很正常，他们的检验报告表明：他们的脑细胞跟正常人一样健全。但是他们为什么还会患精神病呢？

带着这个疑问，我访问了一家精神病院的医生，这位医生由于在精神病研究方面的建树而获得了同行业最高的荣誉。他对我说，其实，他也不知道人们为什么会精神错乱。他认为很多精神错乱的人在疯癫中找到了真实世界中无法获得的自尊感。同时，他给我讲了一个耐人寻味的故事：

有这样一个病人，她在婚姻上是一个失败者，她从未获得过丈夫的疼爱。至于孩子和社会地位对她来说都近乎成为一种奢望了。她的丈夫拒绝和她一起吃饭，还常常强迫她将做好的饭菜端到楼上，送到他的书桌旁让他独自享用。现实的残酷导致她精神失常，最终住进了医院。现在，她每天生活在幻想之中，认为自己已经嫁入了皇室，坚持要别人叫她史密斯夫人。她还觉得自己生了一个孩子，每次我去看她时，她都说："医生，我昨夜生了一个孩子！"

那位医生跟我说他其实是不愿意去救助这些病人的，他感到患精神病的人都比以往过得更快乐。他们可以随手签张100万元的支票给你，或者给你写封介绍信，塞给你让你去见美国总统。他们在幻想中完成了对自尊感的征服，这对他们而言已经足够了！

所以，如果真有人对自尊感如此渴望以致发疯，那么真挚的赞美是否能使那些正常人为你创造奇迹呢？当你面对伙伴感到悲伤忧郁时，当你面对上司感到失落时，当你面对人生感到困惑迷茫时，想想这些吧！这些是你的精神食粮，是你鼓足勇气解决困难的妙计！

司华伯的年薪超过百万美元。然而，他没有过硬的专业知识，没有触类旁通的天赋。仅仅凭着妥善处理人际关系的能力，他就可以笑傲职场。我问他是如何做到的，他给了我一个放之四海而皆准的答案。

请记住，这个答案就是：

"对于我所面对的人，我有激发他们潜能的力量，那是我具有的最大的宝藏。具体地说，赞赏和鼓励是我充分发展每一个人才能的方法！"

如果我们在小时候就能够把这段话背下来，如果这段话能成为我们一生交际的指路灯，那么这段话完全能够解决我们现在的处境，使我们与众不同。

接着他又说："世界上最容易使人萎靡不振的是领导对于下属工作的否定。我从来不批评任何人，我只是适当加以鼓励。我总是称赞他们，对于他们的过错，我经常是大事化小，小事化了。如果问我喜欢什么的话，那就是真诚地去赞扬别人。"

这是司华伯所做的，也正是他和一般人的不同之处。一般人不喜欢一件事的时候，经常会指手画脚、吹毛求疵。而真正喜欢一件事的时候，他们往往像害羞的小姑娘，把感觉放在心里加以珍藏。

人的一生会与不同人进行交往，无论他们的地位多么崇高，他们都乐于被人赞美，只有赞美能使他们获得激情，将创造力释放而成就伟大的事业。

当你看到这句话的时候，你可能会想：这是恭维、阿谀、拍马屁，我尝试过一万遍了，可是一点也没有用……这些对那些受过教育的人来说一点用也没有，他们的素质是天然的屏障，让你自讨没趣！

说得对，拍马屁当然是骗不了明白人的，那是极其肤浅、自私和虚伪的，注定要失败。可是当你出于真心去赞扬他们时，就会像是兴奋剂，使他们乐于接受。

许多人无法感悟爱情的真谛，他们孤独地过完一生，而第文尼兄弟却是例外，他们一个与著名的歌剧明星结婚，另一位则与拥有数百万家产的艾顿喜结连理。你会很好奇他们是如何做到这一点的吧！

《自由》杂志曾这样报道：妮格雷是一位艺术家，她善于识别男人。对于第文尼兄弟，她表示："他们了解赞美的艺术，他们比其他人都要成功。"赞美的艺术到了今天似乎已经被人忽视了，但它的确重要。赞美与谄媚可以被轻易地识别出来——赞美是出于真诚，而谄媚源于虚伪，一个是无私的，一个是自私的。

为了满足别人的自尊感，我们需要用心底最真实的情感去褒奖他们，那与小人的恭维和献媚相去甚远。那是一种艺术，一种新的方法，能拉近人与人的距离。

乔治五世为自己写了六条格言，它们被悬在白金汉宫的墙上，其中的一条是"我不接受卑贱的赞美"。我曾经看到过一句话，很适合放在这里："献媚是告诉别人，他贪得无厌！"如果我们所要做的只是恭维、谄媚，那么任何人都可以学会，都可以成为人际关系学的专家了。

当我们不是思考某种目标确定的问题时，我们常常会用95%的时间去考虑自己。如果我们用更多的时间去想想别人，我们就不必编那些谎话去恭维别人，而这些谎话是注定要被戳穿的。

爱默生说："凡是我遇到的人，只要有胜过我的地方，我就一定去研究他，学以致用。"他的见解非常正确，发人深省，这是值得我们重视的。让我们多去想想别人的优点，把对别人的恭维谄媚忘掉，给予别人由衷诚恳的赞赏。那样，他们才会对我们所讲的话语加倍珍视。即使我们忘记了我们所说的话，他们依然会把我们的话记在心里。

# 在他人的强烈需求中觉醒

每个人都有需求，每个人都有自己的想法。
如果你能最大限度地挑起他人的欲望，
你就可以获得最大的满足。

放暑假的时候，我经常去缅因州钓鱼。就我个人而言，我非常喜欢杨梅和奶油。所以，每当我驾车去钓鱼的时候，我都会带上许多杨梅和奶油。当我坐在湖边嚼着杨梅，看着刚刚钓上来的鱼时，我常常会想，它们为什么那么爱吃蚯蚓和小虫呢？要是我把杨梅放进水里作为鱼饵，它们还会咬钩吗？

鱼儿当然是不会咬钩的，没准它们还会因为杨梅的气味而躲得很远。联想到我们赖以生存的这个世界，我突然想道：如果某天我必须和一个陌生人建立起联系，我拿什么去"钓"他们呢？

记得有人问劳合·乔治，当那些战时的领导人物大部分已经被人们遗忘时，他为何能掌握大权？他回答说，如果一个人可以一如既往地受人拥戴，那么他一定是深知"钓鱼时，必须放对鱼饵"的道理。我想他的话就是对我刚刚提过的那个问题的最好诠释。

人们往往表现得很自私，他们谈话时的主题常常是自己的需要。当然，你可能会说："我连自己都照顾不过来，哪里有那么多精力去想别人呢？"

其实，这种想法很幼稚！想想吧，别人为什么一定要对你感兴趣呢？他们和你一样，关心的也仅仅是自己。他们经常认为自己比什么都重要，只有当别人都在谈论自己的时候，他们才会满意。所以，我们可以得出这样的一个结论：世界上只有一种方法能够引起他人的注意，那就是多谈论他们所需要的。如果你愿意的话，可以同时告诉他如何做才能达到那个目标。

我们可以举个简单的例子。目前，世界上的烟民每年都会增加数百万人。如果你知道自己的孩子也在背后尝试吸烟的话，我想你现在一定如坐针毡了吧！你可能不止一次教训他，可是他的反应如何呢？是不是觉得你太多事了？那么，如何才能说服他去戒烟呢？

你不需要和他讲什么大道理，或者去责罚他，你只要告诉他："你可以不再背着我吸烟！可如果你非要吸烟，你将会失去加入篮球队的机会或者是不能赢得百米竞赛。更可怕的是，你会失去朋友的支持，失去老师和父母的信赖，那时候你会很孤独。"

这是值得记住的一点，通过这种方式，我们可以逐步消除和孩子之间的隔阂。看，事情就是这么简单，只要你从他们的利益得失角度去探讨这个问题，他们往往会知错就改。我们都喜欢听名人逸事，看看下面这个小故事能否给我们一些启迪。

有一次，爱默生和他的儿子想要将草坪上的牛犊牵回牛棚。爱默生在后面推，他的儿子在前面拉，他们费了九牛二虎之力也只是将小牛从草坪的一侧带到另一侧。眼看着自己精心呵护的草坪就要毁于一旦，他真是气坏了。可是小牛呢？依然是那么悠闲自得，似乎这顿美味是上帝赐给它的，它怎么舍得轻易离开呢！

这时候，家里的女佣出来看到他们俩滑稽的表演，赶紧上前帮忙。显然，这位女佣的生活经验要更胜一筹。她轻轻地走到小牛的身旁，慢慢地将拇指放入小牛的口中。小牛不再挣扎了，它放松地吮吸着这根手指头，就好像吸牛妈妈的乳头。结果，小牛很容易地被牵出了草坪。

在这次事件中，爱默生父子急于求成。可是，他们并不了解小牛喜欢的是什么，自然也就不能成功。而聪明的女仆对生活有着更深的感悟，她知道比起草来，乳头对小牛有着更强的吸引力，所以顺利地解决了问题。

我们做每一件事情的时候，往往以自己的利益为出发点。这是一种自然现象，体现了人类的本性。但是，现在我要告诉你如何从他人的角度看待问题，这能够使你更有魅力，更能博得他人的青睐。

奥福瑞教授在他那本启发性的《影响人类的行为》一书中阐释：行为是由我们的基本欲望引起的……我对那些想要说服别人的人有一点建

议：无论你身处商场中、家庭里、学校内，还是政治圈，都要先激起他人的某种迫切的需要。如果你能做到这一点，将会左右逢源。如果你不能做到这一点，将会四处碰壁。

有一段时间，我为了举办几场演讲补习班，租用了纽约一家饭店里的大舞厅。那个饭店以"季"为单位进行收费，每一季20个晚上。在某一季开始的时候，我突然接到那家饭店经理的通知，他说由于成本提高，需要我多付三倍的价钱才能继续租用场地。可是在我接到通知之前，我已经将这一季的入场券悉数分发完毕。

我当然是不愿意多付租金了，可是我说付不起钱有什么用呢？他们当然可以把我从这里赶出去，然后找到能付起钱的人继续经营。我觉得自己不能坐以待毙，必须做点什么。两天后，我找到经理，对他说："收到你的信，我非常惊讶！但是我不会怪你，如果我是你，我也会那么做。你被聘为经理，为饭店盈利是你的本职工作，如果你不能做到这一点的话，很显然你会被辞退。不过，如果你执意要加租，能否先听听我的意见，让我为你分析一下这么做的利弊。"

他不屑地同意了。我拿出一张纸，在中间画出一条线。在线的一头写上"利"，而另一头写上"弊"。我在"利"的下面写出"舞厅闲置"，然后对他说："如果我不再租用这个场地，你就可以租给别人，你会获得比现在更多的租金，同时可以提高你的工作业绩。"

接着我又说："事实上，由于我的退出，你很可能不会马上找到其他人，在这段时间里反而会减少收入，甚至是完全没有收入。另外，由于听我课程的人都是受过教育、素质高的白领人士，这对你的饭店不是起了相当好的宣传作用吗？如果你花了5000美元在报上登广告的话，招来的人不一定能比我带给你的人更多吧！"与此同时，我将不利的因素简要地写在了"弊"的下面，就把纸交给了经理。"希望你考虑一下，无论你最后做了什么决定，请及时通知我。"说完，我客气地跟他握手，离开了他的办公室。

第二天，我收到经理的亲笔信，他告诉我租金增加50%，而不是300%。请注意，我没有说想要减少租金的话，我所提及的都是他想要得到的以及如何得到它。假设我像一般人那样怒气冲冲地冲进他的办公室，和他争论并要求租金减到200%，那结果又会如何？一场唾沫星横飞的口水战马上就会展开！即使他意识到自己错了，可是为了他的自尊，我相信他也很难被我劝服而按照我想要的结果去做。

关于做人处世，福特汽车的创始人美国知名企业家亨利·福特说过："如果说成功有秘诀的话，那一定是先掌握了对方的立场。你要站在他人的立场上去考虑问题，就好像是自己的事情一样。"

这句话听起来很平实，但是90%的人在90%的时候都把这个秘诀忽略了。你是否想看看和我们切身利益相关的、每天发生在我们身边的类似事情？下面这封信就是违反上述规则的典型例子，它由一家颇具规模的广告公司的无线电部门主任写给无线电台负责人。

亲爱的布朗克：

本公司希望在无线电界保持广告业务的主导地位。

（谁关心你公司的希望？我正为自己的很多麻烦事烦恼呢！银行要取消我的房产抵押权，害虫正破坏我的花园，股票又下跌了，我错过了今早8：15的火车，医生说我患有高血压和神经炎。然而当我犹豫地推开办公室的门时，眼前出现的却是这样一封只关系你们公司利益且穷于措辞的信件，这封让人看了就觉得恶心，想把你们踢出广告合作伙伴队伍的信件！）

本公司在国内的广告投入是联网合作的保障。我们每年在电台时间之外的纯利在全国首屈一指。

（你自大、有钱、遥不可及吗？那又如何？即使你们公司有全国汽车公司、全国电气公司、美国陆军合起来那么大，与我何干？如果你足够聪明就应该想到，我只关心我有多强大，而不是你！你对自己巨大成功的吹嘘让我觉得你很渺小，根本不值一提！）

我们希望以无线电台推荐的形式赚取利润。

（你希望！你希望！你是十足的蠢驴！我对你的希望完全不感兴趣，即使是美国总统的希望又能怎样？我就说一遍，我所感兴趣的只有我的利益！而你在这封荒谬至极的信件中只字未提！）

所以，请你将我们公司的名字放到你们电台一周回顾的推荐清单上。每个单独的细节将有利于中介机构及时预约我们的服务。

（推荐清单？你脸皮真是够厚的了！你怎么就没想想，当你要求我将你公司放入"申请清单"中的时候，你甚至都没有客气地说声"谢"字？）

及时回复这封信，同时将你最近的所作所为告诉我们，这将有利于共赢！

（你就是个傻瓜！你寄给我的这封由廉价纸写成的信，就像秋天的落叶一样同时分发到各地。你想让我在抵押房产、患有高血压的时候给你写回信，还要求我及时回复？难道你不知道我比你还要忙？……你说，我们将"共赢"，这只是在最后你才注意到我的立场。但是如何对我有利，你却含糊其词！）

又及：你可能会感兴趣，随信附上的《布朗克维尔》杂志的复本，你可以通过你的电台进行广播。

（在你的"又及"中提到了可以帮助我的事情，为什么不用这些作为信的开头呢？任何广告公司的人犯了像你这样的错误，我觉得他都是脑子不正常的。你需要的不是了解我最近的所作所为，而是能让你变得聪明一些的碘！）

从这封信中我们可以看出，电台负责人的利益最后才被提出来。这封信的积极意义因此而降低不少。所谓的"共赢"也没有体现出来，这其实是一封很失败的信。然而，信中所言，也是常常从我们口中说出的。我们习惯于为自己的利益驱动，经常不去考虑别人的观点，这在不经意间使我们失去不少机会。可怕的是，我们从来就没觉得有什么影响，认为这是天经地义的。这难道不是我们的弱点所在吗？那些时刻为他人着想并能巧妙地引起他人欲望的人是不可能失败的。

无论你是经理，还是普通的销售人员，请相信我，从他人的角度看问题，会让你有所收益。如果运用自如，这将使你势不可当！

在处世方面，我们需要揣摩他人的意图。只有这样，我们才能拿自己的需求同他人的进行交流；只有这样，我们才能让自己的利益通过他人的双手奉献出来；只有这样，我们才能和合作者，甚至是对手取得双赢。

# 不要指望别人感激你

/

付出本身就是一种快乐，
没有必要期待自己的付出一定会得到回报，
这是人生快乐的最高境界之一。

/

人类的情绪真是难以控制。有时候你会因为一件小事而兴奋好几天，而有的时候，你却会为一件小事而怨恨几个月。

最近，我在得克萨斯州碰到一个商人。有人警告我，不要随便和他交谈。因为无论是谁和这个人谈上15分钟，他都会引入一个故事去折磨你的心情。果然，他把一个11个月前发生的事详详细细地告诉了我。他话语中流露出愤怒，就好像是这件事情刚发生一样。下面就是他告诉我的故事：

去年过圣诞节的时候，我给34名员工发了1.1万美元的奖金。天知道，这些奖金足够我建一个新的工厂了。可是，我却无偿地把它们分发给那些自私的人。没有一个员工对我表示感激，甚至没有一个人愿意多看我一眼，就把钱带走了。我真的很后悔，我本应一分钱都不多给他们的！

我真是十分地同情他，他不应该沉浸在愤怒和悔恨之中。或许，他应该理智地问问自己：为什么没有人感激我？是不是我平时给他们的薪水很低？是不是我让他们加班的时间太多？是不是因为我看起来比较严肃，就没有人愿意接近我？或许，那些员工天生就很自私，没有受到良好的教育，以为一切所得都是正常的。

我无法给出发生这件事的具体原因，可是我知道撒穆尔·强生博士曾说过："感恩是良好教育的必然结果，可惜，你在一般人身上是找不到的。"当你希望别人知恩图报的时候，你恰恰犯了不懂人性的错误。

可能你认为救了一个人的命，总该得到他的感激吧！这看起来无可厚非，但是让我们听听刑事律师山姆·里博韦兹是怎么说的："我曾经费尽心力，将七八十条性命从电椅的边缘上解救了下来。他们中又有多少人感激过我呢？没有，从来没有人认为我应该得到他们的赞美，他们甚至没有给我寄一张圣诞贺卡。"

这就是人类的本性。《福音书》上记载：当耶稣用了一下午的时间去治好10个麻风病人的时候，只有一个人对他表示了感谢。当他问"那几个人都去哪里了呢"的时候，那9个人已经一溜烟似的离开了那里。

或许，你觉得现在的人更现实一些吧！也许多给他们一点钱，他们就会对你感激不尽。安祖·卡内基就曾做过这样的事，他将自己的遗产划出100万美元给了他的亲戚。按理来说，这已经不少了，他的亲戚会终生缅怀他吧！是的，那个亲戚确实记了他一生，不过不是缅怀，而是怨恨。原来，安祖拥有3.6亿美元的财产。那个亲戚咒骂他是个傻瓜，居然将绝大部分的财产都捐给了慈善事业，而不是用来改善自家人的生活。

现实就是这样，它往往和你想象的不同。人终究是人，他不会在有生之年做轻易的改变。如果你非得把时间浪费在埋怨别人不懂礼貌上，你是应该怪人性恶劣呢，还是应该怪自己不了解人性呢？我们不去奢求回报，如果我们得到了他们的感激，就全当这是意外惊喜；如果我们没有得到他们的感激，那么我们也不必为此难过。

忘记感恩是人类的天性，如果你要求每次付出都有回报，那么你一定会因此而困扰。

我认识一个住在纽约的女人，她常常因为孤独而不停地抱怨。没有一个亲戚愿意去接近她，谁都受不了她没完没了的唠叨。她常常对别人说，自己对待她的侄女们是多么尽心尽力。在她们生麻疹、患腮腺炎还有百日咳的时候，是她一直守候在她们的身边。她资助了其中的一个完成了商校的学业，还照料另一个侄女的起居，直到她结婚为止。

当然，她们偶尔还是会回来一趟的。不过，那只是出于自身的义务。可是，她们都害怕见到她，怕她没完没了地骂人、埋怨与自怜。后来，她们来探望她的时间间隔越来越长，以至于她使用了一种极端的手段迫使她们过来探望自己。她是怎么做到的呢？她不断地暗示自己患有心脏病。让人感到诧异的是，尽管她不是真的患了心脏病，但是她强迫自己所表现出来的病情比真正患有心脏病的人还要严重。没有医生知道如何去治疗她，因为这全都是由于心理问题而引发的。这个女人常常嘟囔着做人要知恩图报，可是她永远都得不到侄女们的关爱。

世界上像她这样的女人不占少数，她们因为"别人忘记回报"而感到孤独，继而生病。她们希望有人去关注她们，可是她们不知道：在这个世界上，唯一能够得到爱的方法就是不再索取，只需忘我付出。

这句话听起来是不是很幼稚？是不是很不切实际？是不是很理想主义？其实不是那样的，只是我们没有注意到这个常识而已，它确实能让我们获得许多快乐。

就我自己而言，我对这句话还是非常赞同的。我出生在一个贫寒的家庭，可是我的父母总会从手头为数不多的资金中拿出一部分去救济更困难的人。他们经常会匿名寄钱给艾奥瓦州的一所基督教孤儿院。虽然他们从来没有去那里访问过，也从未受到那个孤儿院的感谢，可是他们依然不断地做自己喜欢的事，因为他们从中得到了帮助孤儿的乐趣，而且他们从未想过或希望别人前来致谢。

当我自己谋生的时候，我总是会在圣诞节的前夕，寄给父母一张支票，以供他们买点喜欢的物品。可是，他们很少按照我的建议去做。当我回家的时候，他们会告诉我，他们用我的钱买了多少煤和糖果，他们是如何送给镇上那些因为要养育一大堆孩子而没有钱过冬的可怜母亲们的。亚里士多德说："一个积极向上的人，以对人施予恩惠为乐趣，以得到别人的恩惠为羞耻。因为，对人施恩就是高人一等，而接受别人的恩赐就代表了低人一等。"我认为我的父母就是这种积极向上的人。

如果我们想得到快乐，那么就不要一心想着回报，完全可以去享受施予的快乐。如果自己懂得感恩，那么孩子也会受到影响，学会感恩。不要让自己的错误观念影响孩子的一生。

# 第二章

# 让人喜欢你的技巧

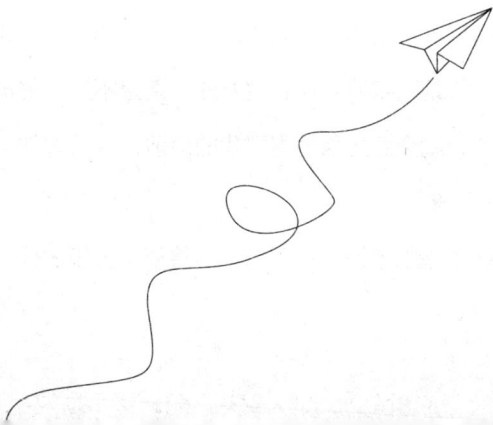

一个愿意对他人微笑的人，通常能够获得更多的朋友。他们可以用微笑给家庭带来欢乐的气氛，也可以用微笑去博得合作伙伴的认可。微笑可以带来人世间美好的一切！微笑会让失望者重拾希望，让悲愤者迎接阳光。所以，请扬起你的嘴角，用微笑来影响他人吧！

# 学会真诚地关心他人

如果我们只想引人注意，想让别人对自己产生兴趣，
那么我们永远不会处到真心朋友。
推心置腹的朋友以及生死之交，绝对不是这样得到的！

　　我最喜欢的动物是小狗，我觉得它们是天生善于与人交往的。当你走近它时，它会自然地摇起尾巴。如果你停下来轻轻抚摸它，它会高兴地跳起来，将小爪子伸出来，就像绅士一样要与你握手。这时候，你会突然感到这个小东西是那样招人喜欢。

　　然而，在我的记忆中却有一段让我非常伤感的往事。

　　在我5岁的时候，家里面有一只黄毛小狗，我们叫它提比。提比是我那时唯一的玩伴，它让我感到生活快乐无比。每天下午四点半，它都会准时在家门口等待刚刚放学的我。它有一双非常圆，让它看起来十分善良的眼睛，总是默默地注视着远方的一条望不到头的田间小路。当它听见我的声音，就会急匆匆地跑到我的面前，绕着我转，高兴地叫着、跳着，欢迎我回来。

　　然而，不幸的事情发生了。一个将要下大雨的傍晚，一道闪电从我

身旁划过，我被吓坏了，哆嗦着趴在地上。当我惊恐地睁开眼睛时，我发现提比已经被烧焦了。它就离我不到十米远，我多希望那道闪电击中的是我而不是它。

提比的死让我久久不能平静。它是那么善解人意，总是用自己的动作去逗我开心。我感觉它就好像是学过心理学一样，它或许知道：如果你真诚地关心别人，那么你在两个月内所交的朋友，将比那些只想让别人对自己发生兴趣的人在两年里所交的朋友还要多。在与我生活的日子里，它带给我很多快乐，但更重要的是，它让我明白了如何真诚地对待他人。

我们都知道，有的人一生的失误就是只想别人关心他，对他产生兴趣。当然，这些都不会有结果的，人们对于自己以外的任何人都不会产生兴趣。人们每时每刻都在想着自己如何吃饱喝足，至于别人的生死是永远不会在意的。

纽约电话公司曾经做了一个调查，调查人们在打电话时最常用到什么字。你可能已经想到了结果，那就是人称代词"我"。在500次的电话问卷中，他们惊奇地发现受采访者曾用了3990个"我"字。他们经常听到的是："我……"做这份调查报告的人心情一定很沉重，他们可能会悲观地认为：人是自私的动物，他们只关心他们自己。

人们在处理问题时往往表现得如此相似，当你看一张有你在内的团体照片时，你先看的是谁？答案不说自明。

如果你以为人们都在关注着你，那么请你回答一个问题：如果今天你辞世了，会有多少人来参加你的葬礼？如果你在天有灵，发现葬礼现场只有与你最近的亲属，你会怎么想？你的人生是不是太失败了？如果真是这样的话，我想提醒你：除非是你关心了别人，不然别人不会对你产生兴趣。好，请拿出你的笔，在你的读书笔记上记下下面这段话：

**如果我们只想引人注意，只想让人产生兴趣，那么我们永远不会处到真心朋友。朋友，真正推心置腹的朋友、生死之交不是这样得到的。**

可能你已阅读过许多深奥的心理学书籍，但是我所说的都是经验之谈。奥地利的著名心理学家约弗·亚德勒曾写过一本书，名为《生活对你的意义》，书中有这样一句话："一个不关心别人、对别人不感兴趣的人，他的生活必将遭受磨难。他会给别人带来危险与困扰，所有人类的错失，都归因于这些人。"仔细想想，还是很有道理的。

一个饱经世故的编辑告诉我，他每天从桌上数十篇小说中随便抽出一篇，只要看上几段就可以觉察出这个作者是否喜欢别人。如果那作者不喜欢别人，那么别人也不会喜欢他的作品。要想做一个成功的小说家，你必须首先对别人产生兴趣。

如果说写小说的秘诀是这样，那为人处世就更应该如此了。瑟斯顿是位成功的魔术师，他的魔术表演绝技风靡全球。在40年的魔术生涯中，他走遍世界各地，约有6000万观众看过他的表演。

虽然他的名气大得令人惊讶，但是他却无显赫的背景。年少时的他离家出走，在漂泊的年代他甚至睡过草堆，挨家乞讨，仅仅靠火车道旁边的广告认识了几个大字。难道他天生就有高深的魔术造诣？不，他亲口对我说，即使现在出版的有关魔术技巧的书成千上万，但是真正有他现在成就的人却寥寥无几！

他说自己有两个特点是别人所没有的：他的表演具有魅力，他懂得人们需要什么。他的动作表现、说话声调，都在事前进行过严格的彩排。这使得他动作敏捷、思维灵活。他的每一个魔术都表演得恰到好处。因此，现场的评价相当不错。

除此之外，他对观众有浓厚的兴趣。他说魔术师们往往觉得观众是傻瓜，打心眼里就想骗骗他们，而他自己却对观众抱有极大的尊重。他认为：观众就是上帝，正因为有他们的捧场，自己才能生活舒适！所以他要付出最大的努力，战胜自我，将更多新奇魔术带给大家。因此，每当他登台演出时，他都会暗示自己："我爱我的观众！我爱我的观众！"可笑吗？荒谬吗？你怎么想都可以，而我只是将我所知的这位魔术师的处世技巧不加评论地提供给你参考。哪怕你只是花一点点时间去考虑，你将同时得到成功的两种必要因素，那就是：实力与真诚。

有人说，30岁之前的工作要靠实力，30岁之后要靠人际关系。我不知道这句话是否过于绝对，但是人活于世怎么能没有朋友呢？假如我们想要交真心朋友，那我们就应该考虑先替别人做些事——那些需要时间、精力、无私以及深思熟虑才能完成的事。

在爱德华公爵还是王储的时候，他非常想去南美洲旅行。然而，语言不通成了他去南美洲的障碍。经过一段时间的刻苦学习，他掌握了西班牙语。尽管不是很熟练，但他可以和当地人交流了。当他到了南美洲后，他受到当地人的热烈欢迎。

当地人没有觉得他好笑。相反，他们每天一起畅快地喝酒，深入地探讨本国的风土人情。爱德华的努力让当地人觉得他的出现完全没有负担。虽然他可能不再使用西班牙语，但是他同南美人民建立了友谊，这是不言而喻的。

那么，如何巩固与朋友的感情呢？我有一个方法，百试百灵。拿出你的真诚，比起那些空洞的语言，它会让你受益颇丰。我不相信星相学，但是每当我结识一个朋友的时候，我就会问他：是否你相信生日与人的性格有关？然后我请他告之生辰。这样，我在回到家里后，就会将他的名字和生日填写在特制的表格中。每当他们过生日时，我便会给他们打个电话或者发个邮件祝贺。当他收到祝贺时，你能想象他们有多高兴吗？除了他的亲人以外，我很可能是世界上唯一知道他生日的人。

真心朋友会用诚挚的心去撩动他人的心弦，用虔诚的灵魂去感化他人的情感。如果只追求外表漂亮却缺乏真挚而热烈的情感，那只能欺骗他的耳朵，永远无法得到他的心。

曾经打败过拿破仑的库图佐夫在给卡捷琳公主的信中说："您问我以什么魅力吸引着众人为我效力？我觉得是真实、真情和真诚。"高明的交际人士，往往用真实的情感、竭诚的态度去靠近人们的心灵，同时加以感化、慰藉、激励等，以达到情感上的共鸣。

当我们的亲人或是朋友遇到困难的时候，我们不妨真诚地安慰他们。即使是对待一个陌生人，你的体贴也会带来意想不到的效果。真心替他人着想，会让你左右逢源，更会让你从中获得无尽的快乐。

# 微笑是不败的语言

/
微笑不仅会让你充满魅力，还会成为你解决问题的武器。
微笑向人传递了友善的情感，
它是你获得伙伴的捷径。
/

　　最近，我在纽约参加了一场宴会，宾客中有一位身着貂皮大衣、戴着钻石和珍珠项链的贵妇人。她丈夫给她留下了大量的遗产，但这并不能让她摆脱伤痛，为了振作精神，她特意打扮得珠光宝气，希望通过这场宴会来摆脱忧愁。可能是她想给大家留下深刻印象吧，竟然把精力都放在了着装上。然而她对于自己脸上流露出来的刻薄与自私却浑然不觉。当然，她不了解那些绅士所追捧的是那些有着独特气质、温文尔雅、带有蒙娜丽莎式迷人微笑的女士。

　　好了，聪明的读者，看到这里，我想你该知道下次妻子向你要貂皮大衣时，你该怎么回答她了吧！言归正传，施瓦伯曾经对我说过，他的微笑价值100万。我想他所暗示的是他今日所获得的成就都该归功于他的性格魅力，他所独有的迷人的微笑能够打动所有人。他的财富来源于他真诚的微笑，微笑让人觉得他非常友善。所以，人们忍不住会想：我喜欢你，你让我感到开心，我非常高兴结识你。

你见过婴儿的微笑吗？那是一种让人感到充满希望的微笑。这种微笑完全可以引出你的笑容，让你忘记一切烦恼。看到婴儿微笑时的感觉，那是一种沉醉，同时也是一种解脱。

有一种比较实在的解脱，那就是摆脱疾病的困扰。是否你曾在星期一早上去专家门诊那里排队？也许有过，你还记得排队人的神情吧！他们大多数都板着脸，面露疲惫的表情。住在密苏里州雷顿市的兽医史蒂芬·史波尔曾对我说过这样的一件事：

有一年春天，他的候诊室里挤满了来给宠物打疫苗的人。大家全都不说话，全都不耐烦地等着医生喊自己的名字。他们盘算着应该出去干点什么，而不是在这儿浪费时间。就在大家无精打采地等待的时候，一位女士走了进来。她抱着一个孩子，牵着一只小猫，坐到了一位男士的旁边。

有趣的是，当男士转过头来时，他发现孩子正在朝着他天真无邪地笑。你猜这位男士的反应如何？他的笑容顿时出现在脸上。于是，他和孩子的母亲攀谈了起来，他聊起了她的孩子和自己的孙子。很快，候诊室的气氛活跃起来，大家一起聊天，笑声不时传出。很多人在候诊室里度过了最近一段时间以来最快乐的一天。

没有诚意的笑是不能够感染别人的，那种笑很容易让人生厌。真正的微笑、热心的微笑、发自内心的微笑在人际交往中是极具价值的。

密歇根大学心理学教授詹姆斯·麦克奈尔向我谈过他对微笑的看法。他认为：那些满面笑容的人，在管理、教育和推销方面易于有所建树，他们也容易培养出快乐的下一代。比起爱皱眉头的人，微笑更能传递感情，这正是在教育中鼓励常常比责罚更有效果的原因所在。所以，如果你希望别人在看到你时能感到心情愉快，那么你一定要记住：无论你看到什么人，你的心情都要保持愉快。

我曾建议我的学员在一周的时间里无时无刻不对别人微笑，然后回到我的课堂谈论他们的感受。他们这么做之后效果如何呢？

纽约证券交易所的威廉·史丹哈德给我写了一封信。我认为他所阐述的绝对不是个别现象，反而是极其典型的实例。他在信中说：

我结婚已经18年了，这么多年来我很少对妻子微笑。由于工作繁忙，我甚至很少和她有语言上的交流，我们的感情生活很平淡。有时候，我也会自责，觉得作为丈夫不能给予她精神上的慰藉，那是我的失职。

上次的课上，您要求我们微笑，并以此进行演讲。于是我就想试试，看看结果如何。第二天早上，当我梳头的时候，我对着镜子中那张消沉的脸说："你今天必须微笑，要一扫脸上的愁容，你不需要等待，你要立即行动。"当我走到餐桌前时，我微笑着对妻子说："亲爱的，早上好。"妻子看着我怔住了，她似乎惊呆了，这完全出乎了我的意料。我告诉她，她将看到一个完全不同的我。

两个月过去了，我们似乎又找回了初恋时的感觉，好像一下子年轻了许多。我将这种感觉带到了单位，我会对清洁工微笑，会同不认识的人打招呼。渐渐地，我发现许多问题迎刃而解了，我受到了别人的赞赏。人们说我现在很亲切，可以去竞选总统了。

写这封信的是一位饱经世故、周游世界、富有智慧的经纪人。他所处的行业竞争相当激烈，失败率相当惊人。据说每100个人尝试就会有99个人退出。他是成功人士吗？我想当他真正懂得了微笑的意义以后，他才算是真正意义上的成功人士！如果你不愿意微笑怎么办呢？在这里，我有两个办法供你尝试：

1. 强迫自己微笑。

2. 当你独处时，你可以试着吹吹口哨、哼哼小曲，就好像你真的很快乐。快乐是可以激发出来的！

我们做事往往喜欢跟着感觉走，但事实上两者是同时进行的。当受意识直接控制的行为富有规律的时候，情感也会受到牵连而富有规律……因此，如果我们感到不开心，那么我们可以用潜意识告诉自己：我已经很快乐了，就好像真是那么回事一样。

世界上的每一个人都在追求着幸福，而获得幸福的一个可靠的方法就是控制自己的潜意识。幸福并不取决于外界因素，而是取决于你的内心感受。莎翁曾说："好坏善恶，思想使然！"爱微笑的人永远受欢迎，当我们每天走进办公室，走向客户时，多去想想快乐的事，然后从内心激发出真诚的微笑。当你昂首阔步向前冲的时候，你知道这种表现出来的自信会让你斩获成功，没有什么可以阻挡你前进的步伐。

玛利亚是我的一个朋友，她刚工作时就拥有自己的办公室，这让她觉得骄傲与自豪。可是时间久了，她发现自己很孤独。当她听到外面大厅里传来同事们的聊天声与笑声时，感到非常羡慕。每次经过同事身边的时候，她都不好意思和他们打招呼，经常害羞地扭过头去。

后来，她急于摆脱这种处境，她告诉自己：不能让人主动来打招呼，我应该先向别人问好！于是，每当她出来倒冷饮的时候，她脸上都洋溢着笑容，热情地向同事们打招呼："嗨，今天感觉怎么样？"

这样做的效果非常明显，每个人也都对她微笑问好，她觉得原本阴暗的走廊似乎明亮了许多，生活变得充满希望。阿尔伯特·哈伯德曾提出过一段相当睿智的忠告，这段忠告十分恰当地反映了玛利亚的故事实质。他劝告我们：

当你外出的时候，要收紧下巴，抬起头颅，挺起胸膛。在阳光中呼吸新鲜空气，用微笑祝福亲友，用真心与他人握手。不要担心被别人误会，不要浪费时间去考虑收拾敌人。明确心中的目标，勇往直前。当你集中精力做自己喜欢的事情时，你会发现没有什么会从你手边溜走。

你要想象自己出类拔萃、无坚不摧，这种感觉会让你真正成为自己的偶像……意识的影响永无止境。你要保持积极的信念、坚定的意志、诚实勇敢的作风、健康向上的心态。有希望就有收获，每一次真诚祈祷都一定会得到救赎。希望你可以硕果累累，这就是生命的奇迹！

真诚的微笑，会给别人带去温暖。一个愿意对他人微笑的人，通常能够获得更多的朋友。微笑可以给家庭带来欢乐的气氛，也可以博得合作伙伴的认可。微笑可以带来人世间美好的一切！微笑会让失望者重拾希望，也会让悲愤者迎接阳光。所以，请扬起你的嘴角，用微笑来影响他人吧！

# 牢记别人的名字

/
无论在事业上还是生活中，
记忆他人名字的能力都非常重要，
这能使你迅速博得青睐，获得好感，赢得掌声。
/

    1898年一个寒风凛冽的清晨，吉姆·法莱被自己家的小马踢中头部，当场死亡。他有一个妻子和三个孩子，可是他给他们仅仅留下了几百美元的保险金。小吉姆是他最大的儿子，那年他只有10岁。为了贴补家用，小吉姆只好到镇上的砖场打工。

    小吉姆没有上过学，但是在46岁之前竟被四所不同的大学授予了名誉学位，他还成为美国民主党全国委员会的主席，当过美国邮政总监。他是靠什么样的能力独步政治圈的呢？那就是记住别人名字的能力！就是这个能力让他的一生充满传奇色彩。

    记住别人的名字有那么神奇的力量吗？你可以记住多少人的全名呢？小吉姆对我说他可以记住5万个人的名字。在他帮助罗斯福准备总统选举时，他总是不断地询问着每一个陌生人的名字、家庭环境以及政治立场。

当他回到家后，就会努力去回忆这些人的名字，并将它们记在一张纸上。然后，他连夜给他们发出私人信件。这些信的开头无不写着类似"亲爱的比尔"或"亲爱的杰恩"的敬称，信尾也都签着"吉姆"的字样。结果，他赢得了无数选民的倾心，终于如愿以偿地帮助罗斯福获胜。

小吉姆是个善于观察的人，他早年就发现一般人将自己的名字看得比世界上所有名字的总和还要重要。如果你能够记住别人的名字并且很自然地叫出口，这就能够满足对方的自重感。如果你将对方的名字叫错了，这会使对方很难堪，你自己也将被逼到不利的位置。

我曾在巴黎开办公共演讲课程。有一次，在我发出邀请函之后，我突然发现打字员竟然把客户的名字打错了。结果呢，那个被打错名字的人带着邀请函对我大加责备，我却只能在那儿一声不吭地听着。

要想记住一个人的名字真不是件容易的事，尤其遇到那些比较冗长或是生僻字较多的名字，简直是抓破头皮也很难记住。人们这时候往往退缩了，他们会想：算了，干脆就记住他的昵称得了，反正也不影响交流。

可是，你是否想过，如果咬咬牙再坚持一下，将那个名字深深印在脑海里，会是什么效果呢？我的学员西德·李维曾经拜访过一位顾客，这位顾客的名字特别难记。他叫尼古德马斯·帕帕杜拉斯，人们都叫他"尼克"。

在我预约前，我特别用心地记住了他的全名。当我见到他时，我流利地说出："早上好，尼古德马斯·帕帕杜拉斯先生。"他完全愣住了，一言不发地站在那里很长时间。当他回过神来，泪水已经不自觉地流了下来，他颤抖着对我说："李维先生，我来到这个国家15年了，从来没有人愿意叫我的全名，以致我都快忘记这个名字了。您的问候真是太亲切了，您让我想起了我的祖国，想起了我在家乡时的美好往事，真的谢谢你！"

看，这就是说出别人全名带来的效果，它确实能够拉近人与人的距离。可是你是否想过就是这样的细节也可以帮助你发财致富吗？

"钢铁大王"安德鲁·卡内基的资产让人羡慕，他的财富传奇就是一部人生教科书，他的成功引起了全球无数青年的崇拜。可是，这个神一样的人物掌握的钢铁制造知识并不多。成千上万的人同时为他工作，这些人都是专家，在专业知识方面要远超过他。但是，卡内基拥有为人处世的深层次技巧。这些技巧是他的员工梦寐以求，但却永远望尘莫及的。

他还是个小孩子的时候就发现了人们对于自己名字的重视程度超过了任何事情，他就经常利用这一发现去寻找自己的合作伙伴。有一次，他在树林中玩，偶然抓到了一只带崽儿的母兔，很快他得到了一窝小兔子。随着它们慢慢长大，食物的供应却出现了问题。他自己无法找到足够多的食物去喂养它们，而小伙伴们又不愿意帮他喂养兔子。

眼看着小兔一天天虚弱下来，他绞尽脑汁也没有好的办法。后来，他告诉常来看兔子的小伙伴们，如果能够为小兔寻找到更多的食物，他会让小伙伴们挑选自己喜欢的兔子，并用他们的名字给小兔命名。

这个主意收到了预期的效果，卡内基将它永远印在了自己的记忆中。许多年后，他用同样的方法为自己赚取了好几百万美元。卡内基这种记住并尊重他朋友及同行名字的良好习惯，是他成为美国乃至世界商业领袖的秘诀之一。他为能够叫出许多工人的名字而深感自豪，他得意地说，在他亲自管理公司的时候，从未发生过罢工事件，而事实的确如此！

大多数人之所以不记得别人的名字，是因为他们不愿意花时间和精力去记，而且他们善于狡辩，例如说他们太忙了。但是，明眼人都知道，他们能有多忙呢？比起罗斯福总统来，他们的忙简直不值一提。罗斯福甚至愿意去记一个机械工程师的名字。罗斯福总统在任期间，克莱斯勒汽车公司曾为他特制了一辆车，由当时的总经理带着机械工程师一同送去白宫。工程师张伯伦在晚年的回忆录中写道：

我教罗斯福总统如何去驾驶这辆配备很多特殊零件的轿车，而总统他教给我许多为人处世的道理。当我把汽车停到他面前的时候，他显得很友好。他一边大声叫着我的名字，一边让随从打开车门让我下车，这使我感到十分意外。尤其让我印象深刻的是：他在意我说的每一句话，还不时地称赞我们公司的技术。

最后，他又当着大家的面说："张伯伦先生，我真的非常感谢你，你为设计这辆车花了大量的时间和精力，这辆车真是太完美了。"他注意到这部车的每一个细节，包括散热器、特制反光镜、时钟、特制照明灯、款式新颖的坐垫、驾驶座的位置，还有刻着他名字缩写字母的衣箱。对于我所付出的心血他都给予了高度的评价，他甚至让他的司机格外小心，千万不要碰坏任何东西。

"总统的感谢出于内心，绝非做作，我深刻地感受到了这一点。当我回到纽约后，我收到了总统的亲笔签名照片，照片后还有简短的感谢语。作为一个国家的总统，罗斯福能这样做，真是太让人感动了。"

是的，卡内基、罗斯福都知道牢记别人的名字是收获好感的重要途径，因为那可以使人感到他们很受重视，但是，现实生活中又有多少人能做到呢？

我们经常忘记别人的名字。几分钟前才认识的人，在就要分手的时候却不知道如何称呼，这是我们的通病！如果我们是政治家，那么我们要上的第一堂课就是记住选民的姓名，这就是政治才能。如果忘记了，你会被人民唾弃，你的选票会被折成纸飞机扔进垃圾桶。

这个道理同样适用于商业交往之中，养成良好的习惯往往需要花费一番工夫，牺牲一点点时间去记忆别人的名字将会让你获得巨大的财富。当你能清晰洪亮地叫出"某某先生"时，你会发现所做的努力绝非徒劳。如果你想让别人喜欢你，千万不要忘了，记住他人的姓名是你永远不败的法宝！

# 迎合他人的兴趣

/

想让别人喜欢你，
那就谈论他最了解、最感兴趣的话题，
这有助于你们迅速消除隔阂、拉近距离。

/

　　西奥多·罗斯福总统深知：抓住一个人心灵的捷径就是去谈论他们最感兴趣的事情。他同每一个和他交谈的人都能聊到一起去。从牧童到暴徒，从纽约政客到外交官，每一个曾经见过他的人，无不为他渊博的学识而惊诧，为他善于言辞的魅力所折服。

　　他是如何做到的呢？答案很简单：每当他接受一个客人的拜访之前，都要花大量的时间和精力去熟悉这个访客的特殊兴趣。当然，他每天都很忙，要处理的事情太多。那么，你是否想看看曾在耶鲁大学任教的菲利普教授有过什么样的经历？菲利普在我的交际课上是这样说的：

　　在我8岁的时候，一个中年人给我留下了深刻的印象。那是一个非常开朗的人，常常来我姑姑家做客。有一次，我正在聚精会神地欣赏着橱窗里的船模。他走上前来热情地拍拍我的肩膀对我说："小家伙，你喜欢航海吗？"我点点头，于是他和我谈了很多这方面的知识，从哥伦布谈到麦哲伦，从人类发现美洲新大陆到第二次世界大战中的海战，他详细地对我说了很多在海上发生的故事。他的故事深深地吸引了我，我对他的崇拜之情无以言表。

时间在不知不觉中过去了，他挥手同我们道别，我恋恋不舍地目送他消失在夜色之中。姑姑叫我回去睡觉时，我还一直向家人称赞他。可我心里有个疑问：他是一位律师，怎么会有那么大的热情，向我这样一个小孩讲那么多故事呢？他不应该有时间去研究船的故事啊！

姑姑知道了我心中的迷惑，对我说："菲利普，他是一个热情高尚的人。他看见你对船很感兴趣，就倾尽所能谈论这个你感兴趣的话题。如此一来，他赢得了你的好感，同时使自己与你的关系更加融洽。"

姑姑的话让菲利普记忆终生，正是这个律师让菲利普明白：谈他人所感兴趣的事是多么重要！只有当你去谈别人感兴趣的话题时，才有可能让你与他拉近距离，获得他的好感！

在我写上一段的时候，收到了来自查利夫先生的信件。他是一所少年军校的领队，在信中，他向我叙述了一件令他非常高兴的事。他写道：

不久将举行全球范围内的少年军校联谊活动，我要挑选一名最优秀的学员前往。然而，那个学员满面愁容地告诉我，家长不愿意出钱让他去享受一次旅游。于是，为了让孩子们增长见识，我想去大公司拉赞助，只要他们能够给我们报销路费就已经足够了。

我选中了一家跨国公司。在我去拜访这位总经理之前，我听别人说他曾开出100万美元的支票。天啊！100万美元的支票，我一辈子都花不了那么多钱！于是，当我见到他之后，我对他说："我这一辈子从来没有见过像您这样有魄力的经理，您的那张100万美元的支票在我们的军校无人不知、无人不晓。今天，我能够得以看见您的尊容，真是太荣幸了，是否能请您讲讲开这张支票的详细情况吗？"

请注意，查利夫先生在开始同经理会面的时候对赞助费用的事只字未提。他只是提到并且表现出对经理能开出100万美元支票的敬佩之情。结果如何呢？我们继续往下看。

经理非常高兴，他点燃了一支烟。当他吐出第一口烟圈时，话匣子随即打开。在最精彩的签字那一段，他对我说："当时我的手在颤抖着，以至于用力过大，整张支票被我在中间戳了一个大大的洞。客户惊讶地望着我，大家都会心地笑了。"

说完后，他将一个雕有精美花纹的玻璃匣拿给我看，他指着那个有些发黄的支票对我说："它是我商业生涯的里程碑，每当我看到它的时候，我就有无限的动力。回忆起我充满激情的青春时代，我现在就不会向任何困难低头。"

接着，他非常轻松地对我说："你今天来，不会只是想听听这些往事吧？"说完他就笑了。我觉得气氛很融洽，借机向他说明了我的来意。

没想到他对这件事表现出极大的兴趣，他表示要资助5名学员，另外我的路费也将会一同报销。说完他给我开了一张1000美元的支票，告诉我要好好准备，不要给美国丢面子。他对我说："你们可以在欧洲玩7个星期再回来，我会把你们引荐给欧洲的分公司经理，让他为你们安排一切。"

让我们想想，一边是军校的领队，另一边是大公司的经理。两个人似乎很难有利益关系，作为一名商人，他能慷慨地去资助一个不认识的人，这是多么令人惊讶！

从这个故事中我们可以看出：如果查利夫没有找到经理所感兴趣的话题，让他高兴起来，那么这件事不会进行得如此顺利。我想：大概他们之间寒暄几句就会分手说再见了。谁能想到这个不经意间听到的往事，竟能够使查利夫那么轻松地博得经理的好感。没有经理的好感，去欧洲参加夏令营绝对是一个遥不可及的梦。

既然迎合他人的兴趣，能让你得到他人的支持。那么迎合他人的兴趣，是否能让你在面对困难时找到新路，体现价值呢？下面我们再来看一个例子。

杜弗诺是当地一家面包店的老板，他做的面包口感细腻，深受顾客喜爱。然而，一桩未完成的心愿一直让他感到困扰——将自己的面包卖给当地最大的饭店。如果他能做到这点，那么他就可以消除必须亲自到处送货的烦恼。同时，由于知名度的提升，可以使他增加销量，赚更多的钱。

然而，四年过去了，饭店的经理依然那么固执。杜弗诺为了讨好经理，不光经常参加经理举办的各种宴会，甚至在饭店常年租住房间。

"后来，"杜弗诺对我说，"当我学习了您的交际课程后，我试着去寻找经理的兴趣，任何他所钟爱的东西我都不放过。我发现他是美国饭店业协会的会员，由于他热衷这个团体的工作，他被推选为这个协会的主席。只要是协会有活动，不管多忙，他都会亲自到场参加。

"我觉得这是一个很重要的线索。于是，我开始寻觅一次机会，哪怕只是在一个角落，让我与他单独相遇。皇天不负有心人，一天傍晚，我在他的别墅前与他偶然相遇了。我非常兴奋，开始和他谈论有关饭店协会的事情。

"你猜他的反应如何？这真是太让人吃惊了，他竟然花了半个小时和我谈论协会的事情，整个谈话过程中，他是那样的兴高采烈，充满着激情。他的声音洪亮、掷地有声，似乎要告诉每一个经过的路人，这个协会真是为人民服务的，他为自己的成就感到自豪。当我们要分别时，他特意邀请我加入协会，以完成更好的合作。

　　"是的，我对自己的面包生意只字未提，但是几天后，我收到了饭店后勤打来的电话，他们让我把我能做出的任何样品以及清单都带过去。想想吧！我和这个经理都打了四年交道，我费了那么多的心机都没能使他做我的生意。如果我不是找到了他感到自豪的话题，后勤的厨子也不会对我说：'真不知道你是如何让那糟老头回心转意的！'"

　　看，从一无所获到满载而归，中间只有这么远的距离，也许你可以从别的路绕过去，但是请不要忘记：迎合他人的兴趣永远是最简单最直接的平坦大道，这可以让你用最短的时间，以最舒服的姿态，直达终点。

　　我们每天面对形形色色的人，他们都不是冷血动物，他们都有自己的喜好。当你真正想要求他们做事情时，想好如何开口了吗？请记住：把他们的兴趣当成自己的兴趣去研究，把他们珍藏在心中的东西挖出来，让他们感到开心，让他们感到自然。这样，你对他们所有的期望将会实现。

# 让他人感到自己很重要

/

人们往往很自私，

如果我们没有从别人那里得到什么好处，我们就不会与别人分享快乐。

如果我们心胸狭隘，那么我们即将遭受的也只能是失败。

/

邮局里的工作看起来繁忙而单调，很多工作人员都感到乏味。有一次，我去寄一封挂号信，碰巧赶上很多的人在排队。有一个工作人员显然已经很厌烦了，他不停地对顾客唠叨，说他们的邮票贴得歪歪扭扭，字迹又是那么潦草，不利于投递。诸如此类，简直是吹毛求疵。

快轮到我的时候，我突然感到不能让他也对我这样，这一定会破坏我一天的工作心情。或许会是两天，或许会是一周，要是那样的话就太让人懊恼了。于是，我暗暗思量，一定要找到一件有趣的事，让他受到赞赏。实际上，这不是很简单，对于一个陌生人，要想知道他的喜好是需要耐心观察的。

幸运的是，我很快知道该怎么说了。当他为我的信件称重的时候，我很热情地对他说："我真希望有一头像你一样乌黑浓密的头发。"小伙子把头抬了起来，脸上顿时露出了笑容，他很客气地说："现在没有以前那么好了。"我很确信地告诉他：即使现在看起来可能没有以前的好，但是就光泽度来说，还是很让人羡慕的。他显得非常高兴，接着我们相当愉快地交流了一阵。

就这样，我轻松地得到了我想要的结果。这件事情即使过去很久，如果他回想起来也一定会露出会心的微笑，因为那是他记忆中闪光的碎片！

这是难以用金钱来衡量的，我赞美了他，他得到了幸福，就是这么简单。人与人之间的关系有时候很复杂，有时候又很单纯。一句真心的赞美，就能换来一种感觉，那是和谐世界的本来面目。如果我们经常这么做，这世界将会少了多少烦恼与争执？

就是这样，当我们的行为符合客观规律的时候就会万事如意，否则就会满目荆棘。当你希望得到别人善意的目光时，你也一定要好好地对待别人。如果你这么做，你将会得到无数的朋友和数不尽的快乐；如果你不这么做，你将会遭受无数的困难和意想不到的挫折。每个人对自己都有定位，务必使他们觉得他们自己很重要，当他们的自重感得到满足的时候，就是你实现目标的时候。

杜威教授曾指出："自重感是人类本性中最强烈的冲动和欲望。"

詹姆斯也曾指出："在人类的本性中，隐藏最深的就是渴望得到他人的重视。"

正如我之前所提到过的，这种冲动成为我们区别于动物的标志之一，这个特征推动了人类社会的发展。千百年来，各国的哲学先驱不停地思索着人类关系的规律，最后都趋近于一个观点。这个观点远在古代波斯、古代中国、古代印度都被用来教诲世人，让我再来重复一遍：当你希望别人好好地对待你时，你也一定要好好地对待别人。

你希望身边的人赞同你，希望接触过的人都去承认你的价值，希望自重感得到满足；你不希望听到别人虚伪的奉承，不希望得到他人伪善的赞赏；你希望朋友们对你"诚于嘉许，宽于称道"。那么，如何能将我们的期待化作现实呢？怎样才能找到合适的时机去实现这些想法呢？

让我来告诉你：任何时间，任何地点都不重要。只要你将这些期望化作行动，用这些期望指导自己的实际行动，那么你就会收获他人的尊重、真诚以及友善。

你可能会想，我只是一个小角色，不用那么在意这些吧！但是你不想马上就去试试这个规律所能带来的神奇效果吗？

不管你是一个什么样的人物，不管你的地位有多么低下，下面的这些词汇可以让你体现出优良的品质。让我们来看看都有什么——"对不起""麻烦了""请""你会介意我……""谢谢了"。

这些都是很平常的交际用语，但是快节奏的生活让我们渐渐淡忘了这些词语。要知道，它们是生活的润滑剂，它们虽然很简单，但是可以减少人与人之间的纠纷，让你显得高尚。当一个人需要别人的关注时，你要深入他的心底，找出他最想听的，最想得到赞扬的部分加以褒奖。

实际上，每个人都有优点。只要你善于表达，勤于学习，就一定能够得到他的肯定。但是也有一些人，他们夜郎自大，取得一点成就就兴奋得不得了，结果反而引起别人的反感与憎恨。

莎士比亚曾说："人，狂妄的人，借着一点才能就敢在上帝面前逞能，使天使落泪！"他描述的正是这种不知廉耻，到处招摇撞骗的伪君子。对于这样的人，我们恭敬他们倒不如趁早远离他们，免得他们给你带来不必要的麻烦。

下面，我将艾伦先生的故事讲给你们听，看看他的故事如何反映了我上述的结论。

艾伦先生曾带着妻子驾车前往长岛看望亲戚，他们的第一站是他妻子的姑妈家。艾伦先生是我的一个学员，他十分想将我的观点应用到实践中去。面对这个素未谋面的姑妈，他希望能够找到一些话题好好赞美一下这位迟暮的老人。

他打量着面前这所大房子，那是一栋独具特色的别墅，和村子的其他房子不同，就好像是从别处整个搬过来的一样。他问姑妈："这是建于1890年前后的房子吗？看起来是那么不同！既漂亮，又宽敞，似乎让我想起我老家的房子，可是您知道那是远在千里之外的。"老太太似乎遇到了知音一样，她兴奋地回答："是的，年轻人，你真有见识。这是我和死去的老伴一同设计的，它是我们爱情的结晶，由当时最好的木匠建成的。"

然后，老太太领着艾伦先生参观家里的每一个角落，并向他讲述过去的点点滴滴。艾伦先生对他所看到的各式珍藏都给予了很高的评价。当他们走到车库的时候，老太太掀起一块巨大的幕布，映入眼帘的是一辆几乎全新的别克汽车。

"这辆车是我丈夫去世前不久买的。"老太太含着泪说，"当他离我而去之后，我再没有开过它，可是每星期我都会亲自擦洗，你拥有欣赏美丽东西的心，我将把这辆车送给你。"艾伦先生婉言拒绝，"您有那么多的亲戚，您还是送给他们吧，我已经有一辆了。"

"送给他们？我宁愿砸了也不愿意让他们碰一下，他们老早就巴不得我死了，那样他们就可以继承我的房子，还有这里的一切。我只想把它留给你，只有你能够提升它的价值。"艾伦先生最后不得不接受，他发现如果继续推托下去，只能让老人更加伤心。

这位老人已经是风烛残年，她一个人孤独地生活在这里，所拥有的只是那些法式的床椅，古式的英国茶具，意大利的古典油画，如此种种。她每天做得最多的就是缅怀她的丈夫。她是那样孤独，她是多么希望有人能够和她促膝长谈，去赞美和欣赏她和丈夫的一切。她也曾楚楚动人，她也曾有过许多爱慕者。她用心经营着"爱巢"，然而丈夫的去世使她更渴望得到一点人性的温暖，得到一声真诚的赞美——可是这已经是一种奢望了。艾伦先生的出现填补了这一空白，犹如沙漠里的一汪清泉滋润着她的心扉，她感激涕零，甚至不惜将爱车相赠。

如何让人喜欢你？这是你内心不止一次地叩问吧！对于上面的建议，希望你能够有所领悟，还等什么呢？合上书，穿好鞋，整理好你的领带，将自信的笑容挂在脸上，与那些刚刚结识的朋友约会，好好准备一下想要说的话题，当见面的时候真诚地说一声："某某先生，你好！很高兴你能够按时赴约！"在欢乐祥和的气氛中谈论他的兴趣，让他知道在你心中他是多么重要。好了，就是这些，放心大胆去做吧！它们定能使你博得好人缘，让你的人生有新的起色！

# 尊重他人的想法和要求

/
尊重他人的想法和要求，可以让你避免他人的侮辱，
可以让你获得他人的赞同，可以让你的生活更加快乐。
/

你是否想过自己能说出一句万能的话？这句话比总统的演讲还要有号召力，它可以使争论停止，使怨愤消失，使赞赏频至。当别人听到这句话之后，都盼望着你继续说下去！

是的，真的有这样一句话，让我告诉你吧！这句话就是：你的感觉一点都不错，我不会怪你，如果我是你的话，我也会有同样的感觉。

这句话是多么简单，即使世界上最爱骂人的槽老头听后也会软下来！可是，这句话会那么有效吗？我要告诉你的是：想让它起作用，还需要一个前提条件，那就是你必须非常真诚地将它说出来。

在这个世界上，没有什么事情是必须受到谴责的。那些你看不惯的东西，常常是因为你没有设身处地地为他人考虑。事实上，如果你是对方的话，在那个时候也可能会有像他一样的想法，像他一样的做法。所以，不要无视他人的感受，你要知道：很多时候，人们期待的只是别人的理解与同情，如果你给了他们所需要的，他们就会很喜欢你。

可是对于别人的期待，你往往会置若罔闻。为什么你可以接受渺小的自己，但是却不能接受身边那些蛮横无理、固执偏激的人呢？是的，他们在某一方面确实不如你，可是他们也有自己的困难。请多可怜他们，多同情他们，你要时刻提醒自己："要不是上帝对我仁慈，我的生活也会像他们一样落魄。"

我相信人人都会失误，就拿我自己来说，有一次，我在电台做播音演讲，谈起了《小妇人》的作者奥尔科特女士。尽管我知道她出生在马萨诸塞州的康考特，但是我无意识地顺口说出去过她的家乡新罕布什尔州两次。天啊！这是多么让人难堪的错误！

随后，各种各样的信件纷纷寄来指责我，其中的一些几乎就是对我的侮辱。有一位老太太曾住在马萨诸塞州，当她听到我的播音后怒不可遏。看了她的信，我感到后怕，心想：感谢上帝，幸亏我没有娶她！

我觉得应该给她写回信，告诉她尽管我把地名弄错了，但是我还不至于像她样傲慢无礼！当然，这将是我对她最不客气的评价。我还想告诉她，我对她的印象是多么糟糕。

可是，我没有那么做，我尽量克制自己的情绪，我不想和她一样让人感到愚蠢。所以，为了化解我们之间的怨愤，我告诉自己：我要是她，可能会有同样的感受。之后，我打电话给她，我对她说："科尔太太，非常感谢你给我的来信！"电话那边传出了柔和、流利的声音："抱歉，我没有听出你是哪一位？"

我回答她："对你而言，我们并不熟悉，我叫戴尔·卡耐基。几星期前，我在电台播音时误将《小妇人》作者的出生地说错了，而你花费时间指出我的错误。我深知那是傻瓜才能犯的错误，我真诚地向你道歉，同时也向你表达我的谢意！"

她在另一边愧疚地回答："这从何说起呢？卡耐基先生，我应该请你原谅才对，在信中我是那样的无礼，我对你发了脾气，那是不应该的！"

我坚持说："不，不应该由你道歉。那个错误连小学生都不会犯，而我却在广播中信口胡说。我为此已经在广播中更正错误了，现在我亲自向你道歉。"

她似乎感动了，听筒中传出哽咽的声音："我在马萨诸塞州长大，200年来，我的家族在那里都很有声望，我以我的家乡为荣。当你说到我家乡的名人奥尔科特女士是出生在新罕布什尔州时，我真的太难过了，我难以压制住心中的怒火才给你写了那封让人感到不安的信。"

我这时更加愧疚了，我真诚地对她说："我真的想让你知道，你的难过不及我的1/10。对于你家乡的无知让我感到羞愧，像你这样有地位的人竟然会亲自来信为我挑错，我感到非常荣幸。如果今后再发现我的错误，请不吝赐教！"

她最后叹了一口气，语重心长地对我说："像你这样虚心接受批评的人，真的是不常见了。我相信你是一个好人，只是偶尔犯了一点错误，不过我已经不计较了，我很荣幸能认识你，我很欣赏你的主持风格！"

从这次打电话的经过来看，我从她的立场出发来认错，不但收获了她的同情和道歉，同时，我也控制了自己的情绪。这真是一次戏剧性的经历，我对能够化解彼此的愤怒，最后得到她的赞赏而感到满意。由于她表示了友好的态度，这使得我得到了更多的快乐。

这就是我的一段比较有趣的经历，但是这比起身居白宫的要员来说，还远远没有代表性。塔夫脱总统从他处理人际关系的经验中发现：尊重是消除厌恶最有效的药方。他曾写过名叫《伦理服务》的书，在书里面，他提到了一个实用的例子——如何使一位母亲平息怒火。

一位住在华盛顿的太太，她的丈夫在政界很有威望。她缠着我，非让我为她的儿子安排一个职位，还拜托了几位议员向我求情。可是，我知道她看好的那个职位需要的是一位技术人员。后来因为那个部门主管的推荐，我委派了另外一个人。

当她得知这件事情之后，就给我写了一封信。她指责我忘恩负义，让她感到非常不愉快。言外之意就是如果我能帮她儿子高就，她就会高兴起来，可是我没有那么做！她又指出，当初是如何劝说她那一州的代表对我的重要提案投赞成票，而如今我又是多么不讲情义。

当你接到这样一封来信时，我相信你可能会立即用激烈的言辞去写一封回信，指责她的粗鲁。可是，如果你是一个聪明人，就会把这封信放在一边，等几天后拿出来再去寄。然而，当你再次拿出来的时候，你就不会投入信箱，我也正是这么做的。

我看着这封充满火药味儿的信，不得不重新措辞，用最客气的语气写了一封回信。我告诉她，我深知为人父母的苦心，这种事情的发生一定会让她感到非常失望。可是我坦言，这样的职位不是我个人的意愿就可以决定的，我们需要找的是一位合适的技术人才，所以我接受了主管的推荐。我希望她的儿子能热爱他原来的工作，期待他将来有所成就。这封信使得她暂时平息了怒火，她也回信给我表示了她的歉意。

但是我所委任的那个人，短时间内还不能来上班。几天后，我接到了署名为她丈夫的来信，但是从字迹上来看，仍然是她亲笔所写！

"他"在信上告诉我，说"他"太太由于这件事而神经衰弱，现在卧床不起，胃中可能长瘤了。为了让她快点康复，"他"恳求我能重新考虑"他"太太曾经的建议，让他们的儿子上岗。

我回了一封信给"他"，我告诉"他"：我真心希望"他"太太的病属于误诊。对于他们儿子的事，我表示遗憾。泼出去的水是不能收回的，想要撤回委任令也是不可能的。

几天后，我委派的人正式就任。之后，我在白宫举行了一场小型的音乐会。最先到场的嘉宾就是这对夫妇，他们向我及我的夫人表示了由衷的敬意。

# 让快乐的阳光照耀自己

/
快乐就像阳光，不区分贫富地洒在每个人的头顶上。
你可曾见过乡间嬉戏的农家小孩？
他的快乐不亚于百万富翁的儿子得到一台昂贵的游戏机。
如果你善用快乐，那么任何境况下，你的头顶都会闪耀着快乐的光辉。
/

快乐是种能力，它和愉悦并不是一个概念。一位作家曾说："快乐是个礼物，创造了绝大多数的生活。"伦肖说："不论你感觉如何，快乐是一种善待自己的能力。"不过，快乐常和愉悦密切地联系在一起。因为人们把关注集中在痛苦而非快乐上，所以我们无法得到快乐。

一切有关快乐的研究都表明了，快乐的人忙碌而有活力，个性外向。当我们忘记了自我，把注意力集中在正在完成的事情上时，快乐就会来临。有这样一个故事：一个学生认识了一位受尊崇的禅宗大师，向他询问永远快乐的方法是什么。大师笑而不答，拿起粉笔写道："专心。"学生问："这就够了吗？"大师说："如果不专心，快乐就失去了栖身之处；有了专心，快乐就是现在。专心是心无旁骛，是一切。"

每个人都有理由快乐，可我们总认为我们没有资格快乐，或是做得还不够，远远不能达到快乐的标准。这种等待的心情表现为：我们常说："如果……我一定非常快乐，但是……"而这样我们就永远也无法达到那种境界。如果快乐要等待实现了某个目标后才能享受，人就会把快乐收藏起来，一直等到那个时刻的到来。可不幸的是，无论这个目标是金钱、汽车、工作或爱人，即便真的实现了，你也会发现自己仍旧快乐不起来。如果你现在所做的一切都是为了明天，生活就失去了它的本来面目。

许多人认为，成功是创造快乐的一种途径，他们错误地理解了这些东西所能带来的快乐的质量和持续的时间。成功所制造的幸福感很快就会消失，快乐也变得平淡无奇，你只好再寻找下一个目标。当然，这不是说我们不该制定目标，只是鼓励大家将目标放在现在。问自己一声，今天可以为明天的目标做点什么，无论是健康、成就、减肥或是别的什么。我们能把握住的，就是现在。对我们的工作与生活来说，快乐是一种能力，也是一种尺度。它被我们用来丈量生活的品质，以及面对生活的喜悦程度。

有一家跨国集团招聘一个策划总监的职位。经过层层筛选，最后只有三名佼佼者胜出。三个应聘者在最后一次考核之前，被分别封闭在一间设有监控的房间里。除了不能上网，没有电话外，屋里的生活用品一应俱全。考核方没有通知三个人具体要做些什么，只是让他们在屋里耐心等待考题的送达。

在最开始的那天，三个人都显得略微兴奋，他们看书报、看电视、听音乐。第二天，情况就有了变化。因为迟迟等不来考题，他们中有人开始变得焦躁起来，有人不断更换电视频道，把书翻来翻去……只有一个人，仍然不动声色地看电视，津津有味地看书吃饭，踏实地睡觉……五天之后，三个应聘者被考核方请出了房间，最终那个能坚持快乐的人被聘用了。主考官解释道："快乐是种能力，如果能在任何环境下都保持快乐的心态，就更有把握走向成功！"

事实上，快乐的秘诀在于以下几点：

首先，思维模式。我们看待生活的方式是能否快乐的核心。因为人的思维决定情感，我们可以通过"想"的方式来促进相同结果的发生。

其次，价值观念。大多数人继承了父母的价值观和其他的社会行为方式，这是潜移默化而形成并习惯了的。如果生活的目标是为了让别人满意，那么我们首先就得担心自己做得还不够好，这种想法只会给人带来不快、气愤、压力和疾病。太在意外部环境的人会有极大的压力，而快乐的人是那些已经知道自己目标并了解完成目标方法的人。

最后，角色认知。我们对角色的平衡是快乐的另一个来源。在生活中，我们扮演着不同的角色，无论是工作上的或是家庭中的，人们所关注的是得到更多社会承认的那个角色。要记住，尽管你自认为在你最重要的角色上扮演得不错，但切不要忽视其他的角色。

我们把制造快乐的方法称为"更高使命"——生活的一切哲学或目

的。假如你明白自己想要的，明确自己的人生要如何去度过，为什么要这样度过，你就能制定出目标，并采取相应的步骤去实现它。

每个人都会有自己的烦心事，但你是否注意到，某些人在处理一些令人头疼的问题时，并没有像其他人那样苦着脸，而是用比较乐观的态度去处理。他们不见得个个都是幸运儿，相反，可能大部分人曾遭受过一连串的厄运与打击，且并不富有。失业的苦恼、失恋的沮丧、负债的压力、上司的白眼、辛勤工作却得不到应有的报酬……各种无奈可以将一个人击溃，但他们为何仍是乐天派呢？他们是怎样做到苦中作乐的呢？其关键在于，他们掌握了快乐，以此来激励自己做得更好。他们有一颗知足常乐的心，令自己的世界不再灰暗，同时也缓冲了挫折的打击。快乐的人拥有快乐的理由，令他们的人生充满了希望，他们可以，为什么你做不到？

快乐自有其来源。建造一方心灵的快乐园地的妙法就是，找到快乐之源，把这些快乐的来源储存并加以扩大。你有许多方式可以搜集并储藏这些快乐来源，不要把这种行为看作是一项特别非凡的事或举动，而是看成种种"满意的"累积的结果。快乐的价值是无法用金钱来衡量的，它要由能带给我们多大影响力而定。

# 站在他人的立场上看问题

/

愚蠢的人常常会想方设法去寻找对方的错误，
而聪明的人则会站在对方的角度，努力去了解对方，
理解他的行为，进而宽容、谅解他。

/

记住，没有人愿意受到诬陷，当对方没有承认自己的错误之前，你千万不要去责备他！

愚蠢的人总是喜欢指手画脚，他们喜欢批评，他们喜欢陶醉在这种看似高人一等的自我满足中。聪明的人则正好相反，他们或是沉默不语，或是委婉鼓励。他们经常会去探究别人的心思，认真思考他们当时的处境；然后，努力去了解对方，原谅对方。

一定要学会换位思考！如果你能经常对自己说这样一句话："如果我是他，我的感觉将会怎样，我又会如何处理这件事？"那么，你将会节省许多时间，免去很多烦恼。既然你对事情的起因已是如此的感兴趣，那么又何必讨厌它所带来的结果呢？这样做的另外一个好处是：你将在人际交往中获得长足的进步。

古德在他的《点石成金》一书中说："停下一分钟，将你对他人的

冷漠与对自己的热心做一个比较。你会发现：人和人是如此的相似！知道了这一点，你就可以和林肯、罗斯福一样，牢牢抓住了人际交往中唯一的原则。换句话说，想要在处理人际关系上游刃有余，你需要站在他人的立场上去考虑问题。"

还记得我提到的那个"森林公园"吗？几年来，我经常在那里散步、骑马、遛狗，我觉得这是一种快乐的消遣方式。我愿意在里面散心，全是因为里面的树木能带给我清新的氧气，让我觉得自己精力充沛。不幸的是，这个公园常常会发生火灾。

很难想象，那些让人触目惊心的火灾，不是因为吸烟者的粗心，而是因为孩子们野炊的时候忘记处理灰烬造成的。难道没有人告诉过他们这种地方是不能生火的吗？事实上，在公园的一些角落，散布着很多破旧的警示牌，上面都写有这样的话：凡引起树林火灾的人，将会受到罚款或是监禁的惩罚！

那个骑马的警察自然还是这里的管理员，可是很多时候，他并没有履行自己的职责。对于那些调皮的孩子们，他总是吓唬一下，然后头也不回地走开。有一次，眼看着前面的山上已经冒起了白烟，可是他依然不慌不忙。我着急了，让他马上报告给消防队，可是他却对我说："前面那片山不归我管！"

从这之后，每当我来到这里，便主动担当起保护公园的职责。起初，我从未替孩子们考虑，无论什么时候，只要看到他们在树下生火做饭，我心里就非常不高兴。我马上命令他们熄火，否则，我将把他们带到警察局。天啊！现在想起来，我是多么愚蠢，我那么做只是在发泄我的愤怒，但是我却从来没有想过他们到底是怎么想的。那些孩子只是表面上答应了下来，等我一走，他们马上又把火生起来，开始享受他们的野餐！有时候，他们为了报复我，甚至想故意毁掉整个树林。

这真是太可怕了，我劳而无功不说，还把自己逼到了一个比较危险的境地。几年后，我开始意识到应该多去掌握一些与人相处的技巧。这时候，我开始从别人的立场去看事情，我也改掉了用命令的口吻去差遣别人的坏毛病！如果是现在，我在公园里遇到了这样的一群孩子，我会对他们说："孩子们，玩得开心吗？晚餐想吃点什么呢？我小时候也和你们一样喜欢野炊，对于那个时候的事，我仍然记忆犹新呢。可是我们都知道，在公园里生火是很危险的，不过我知道你们都是好孩子，一定不会给大人添麻烦的，对吗？

"你们知道吗？在远处也有一些孩子，他们不像你们这样乖。他们看你们把火生起来了，就会效仿你们，可是他们会忘记处理灰烬，这样就可能把周围那些干燥的树叶燃着，进而威胁到整片树林。如果我们不够小心，那么这个地方就会被毁掉了！

"我只是想提醒你们一下，我不会去干涉你们的活动，希望你们玩得开心。记住，生火的地方要远离干草，当你们玩够了，想回家了，千万别忘记在火堆上盖上土。如果你们乐意的话，我建议你们去沙堆那边玩，那里的危险系数要小很多。孩子们，祝你们玩得愉快，再见！"

现在想想，如果当初能说出这样的话来，相信一定会有很好的效果，孩子们一定会很合作。他们完全不会反感或是抱怨，他们不会感到那是一种命令或是束缚；再者，由于我站在他们的立场上处理了这件事，他们会觉得自己很有面子，事情的结果也一定会让我满意。

孩子的问题总是让大人头疼，对于他们那些让人无奈的行为，你应该多去关爱，用孩子的态度去分析他们的利益得失，用慈爱的方式与他们沟通，这样才能在和谐的氛围中赢得孩子们的认可与支持。

我们再来看关于教育孩子的例子。乔伊斯·诺丽莎是密苏里州的一位钢琴教师，她讲述了如何解决女孩子不剪长指甲的方法。芭比是她的一个得意的门生，她有着令人羡慕的钢琴天赋，但是，她也有着同龄人的叛逆。像她这么大的女孩子，已经懂得打扮了，她将自己的指甲留长，然后在上面涂上了各种各样的小花。

虽说指甲变得漂亮了，可是她太在乎它们，不舍得用它们去接触琴键。渐渐地，她的天赋被她的爱美之心所掩盖了。诺丽莎看在眼里，急在心里。她想：难道我要强行将它们剪掉吗？或者是直接找她的父母谈？芭比在这些指甲上肯定费了很多心思，在她看来，那简直就是一件件完美的艺术品，我怎么舍得轻易将它们毁了呢？

诺丽莎觉得自己应该委婉地说出长指甲的坏处，以便让她能够接受。她想了很久，终于想出一个办法。在一天课间的时间，诺丽莎看到芭比心情不错，就走过去和蔼地对她说："芭比，你有着一双灵巧的手，在你的精心照顾下，你的指甲也变得如此吸引人。可是，你来这里不是为了挖掘出你的天赋，将来在钢琴上有所造诣吗？如果你想要弹好钢琴，就应该将指甲剪短一些。这样一来，你会很轻松地学会我所教给你的钢琴技巧。另外，短指甲也不容易被折断，也不会有太多的细菌藏在里面，这对你的健康也很有好处。好好想一想，剪掉它们可以吗？"

芭比对诺丽莎做了一个鬼脸，一周后再来上课的时候，故意把手指伸出来让她看。诺丽莎非常吃惊，马上当着全班同学的面夸奖了芭比，赞扬她肯为艺术牺牲的精神。是诺丽莎吓到她了吗？她告诉芭比自己不喜欢教长指甲的学生了吗？没有，她只是站在芭比的立场上为她分析利弊，这样让芭比觉得她的话有道理，结果，芭比变成了一个听话的孩子！

当我们希望别人完成一件事情的时候，不妨先闭上眼睛好好想想，从对方的立场考虑。类似"你为什么要那么做"这样的问题，我们要尽量委婉地提出来。虽然这样做很费时费力，但这样做的结果却能够使事情向着双方都满意的方向发展。你会发现，即使双方原来有摩擦，也会在不知不觉中消除，收获更多的友谊！

哈佛大学商学院的院长陶海姆曾经说过："当我和一个人会面

前，我不会在意在他门外的走廊里来回走上两个小时。在这段时间里，我很愿意把我要说的话组织一下，让它变得有条理，我更愿意去想想他将如何回答我的问题。这样的准备，将让我很有自信地走进他的办公室。"

当你接触到一件事情时，多为他人着想，多从他人的立场出发去考虑这件事，这样做将会受益终生！

# 多给别人说话的机会

你或许不同意别人的看法，
但是不要打断别人的话，坚持听别人说完。
谦虚谨慎能让你赢得更多的朋友，而争强好胜却会使你得到更多的敌人。

很多人都会犯一个错误：当他们想要赢得他人的赞同时，围绕自己谈论得太多了。实际上，这时候应该多给他人展示的舞台。每个人都比其他人更了解自己！所以，你只需要问几个问题，然后让他们自己回答就好！

有时候，你不同意别人的观点，然后你就会试图去打断他们的思路。千万不要这么做！这时候，他们往往不会理睬你，因为他们还有很多的论据没有说出来，他们的论点还没有得到足够的支撑。所以，这时候你应该耐心倾听，认真去想，真诚地去面对他们，鼓励他们尽可能全面地论述自己的观点。这是一种以退为进的策略，如果非得说说这种策略的具体效果，那么我们来看看下面的这个例子。

几年前，美国有一家比较著名的汽车公司想要购买当年生产所需的坐垫。当时，有三家厂商都在争取这笔订单。他们几乎同时将样品送到汽车公司，工程师决定让每家公司派一个代表进行商谈。

盖尔先生是其中一家厂商的代表，当他抵达汽车公司的时候，偏偏患了严重的咽炎。他是我辅导班上的学员，他是这样给我们讲述当时的情形的：

当轮到我进去讲解产品时，我几乎郁闷到了极点。在那样关键的时刻，我甚至无法说出一句完整的话。我被很礼貌地带入了一间小会议室，里面等待我的是纺织工程师、采购部经理以及那家公司的总经理。我走到他们中间，同他们礼貌地握了手。当我想要在这次会谈中展示我们厂的产品时，我却只能发出沙哑的声音！

后来，我很尴尬地坐到了椅子上。我示意他们给我拿一张纸，然后写道："各位先生，很抱歉，我嗓子哑了，不能为你们进行深入讲解了！"

那位总经理看后说："好吧！没有问题，我可以替你说！"他将我带来的样品一一展开，并持续地描述这些样品的优点。由于经理是以我的角度进行介绍，所以在讨论的时候，他也自然而然地替我说好话。当时，我能做的只是点头笑笑，或是用手势表达我的意思！

这次不同寻常的推销的结果是我获得了和他们公司签约的机会。他们公司向我们厂订购了10万张坐垫，我为公司创利160万美元。这是我有生以来所经手的最大的一笔订单！

我知道，如果不是我碰巧嗓子生病，发不出声音，我可能会失去那份合同。因为我从来没有想过，话从对方的口中说出，竟会收到这么好的效果！这让我在无意中发现，让别人代替自己说话，有时候是很实用的。

和商业中的技巧一样，让别人多说同样可以解决家庭问题。

最近，芭芭拉·威尔逊和她的女儿劳丽之间的关系急转直下。她记忆中的乖女儿曾经是一个文静的小女孩，可是她现在渐渐长大，变得不够友好，有时候还有些叛逆。芭芭拉曾经无数次地教训她、恐吓她，甚至给她关了禁闭。但是，这些都无济于事！这真是太让人苦恼了！

有一天，芭芭拉刚刚起床，劳丽就和她因为家务分工吵了起来。随后，劳丽若无其事地冲出房门去见她的伙伴了。芭芭拉说："当她回来的时候，我本想尖声斥责她，可是，我实在没有力气那么做了。我知道，这样的责骂，我已经用了无数次，可是她根本不在乎。我看着她，非常伤感地说：'为什么？劳丽，这到底是为什么？'"

劳丽注意到了妈妈的悲伤，她平和地问："妈妈，你真的想知道为什么吗？"芭芭拉点点头，劳丽开始向她述说她的心里话。开始的时候她还有些犹豫，但是到了后来，她已经无法抑制住心中的激动，话语像潮水般涌了出来。她时而激动，时而伤感，可是她的话语中，无时无刻不透露着一种期待。

听了她的话，芭芭拉才发现她几乎从来没有听过女儿的意见，芭芭拉对她做的事情总是指指点点，告诉她应该这样做，应该那样做。每当她想要告诉芭芭拉她的感觉和想法的时候，芭芭拉就会用命令的口气横加干涉。直到现在，芭芭拉才意识到女儿是如此需要自己。而她需要的不是一个蛮横的妈妈，而是一个可以排解她成长烦恼的知心朋友。而芭芭拉所做的，实在是太让她失望了。她是那样的高高在上，又是那样的不讲理。为了家庭的和谐芭芭拉决心改变自己的态度。

从那之后，芭芭拉开始放手让她做自己喜欢的事情。她也开始和芭芭拉说她的心里话，她们的关系终于又恢复如初，她也变得越来越配合了。

是的，这就是牵动着上万父母心的"代沟"问题，很多人不知道如何去面对青春期的孩子，很多人无法忍受他们的躁动。可是，事情总会有办法解决的。就像芭芭拉一样，多去和孩子沟通，多去听听他们的想法，多给他们说话的机会，这不是很好吗？

孩子们终究还是会长大，当他们大学毕业的时候，可能会遇上找工作的难题。看看下面的这个例子能给我亲爱的读者哪些启示。

一个大篇幅的广告刊登在纽约一家报纸的财富板块上，上面写着一家公司要招聘一位有着特殊能力和经验的人。克伯尼施收到了应聘的回信，他将去公司总部进行一次面试。在启程之前，他在华尔街花了很多的时间了解这家公司。对于这家公司的历史以及创办者的传奇故事，他都能牢记于心。当他面试的时候，他对老板说："假如我能进入这家公司任职，我将感到相当自豪。您的成功经历是我们年轻人最好的教科书。听说在28年前您开始创业的时候，除了一间屋子、一套桌椅和一个速记员以外，什么都没有了，是这样的吗？"

几乎没有哪个老板，不愿意回忆当年的艰苦奋斗。眼前的这个人也不例外。他谈起当初是如何依靠450美元和一股创业热情，创建了今天这个规模庞大的公司。他眼含泪水地倾诉那段艰苦的岁月——他如何克服困难，如何面对失望，节假日是如何度过的，每天是如何工作16个小时的。而现在，华尔街最有地位的金融家，也会来向他请教问题，他对自己取得的成就感到自豪。之后，他简单问了克伯尼施几个问题，就把副总经理叫进来吩咐道："这位先生就是我们要找的人了。"

克伯尼施花了一些时间去了解老板的成功经历，他的努力没有白费。他对这个老板的创业史表现出极大的关心，并促使老板尽可能多谈论这件事，最终赢得了老板的青睐！

这就是一种应聘的技巧，能掩盖你专业知识薄弱的缺点，能为你的表现添彩。人人都渴望表现自己，即使是你最好的朋友，也希望你去多听听他们的成功故事，而不是光听你讲述自己的那些事情。

法国哲学家罗西福克曾经说过："内敛会让你获得朋友，好胜会让你得到敌人！"这就是说，当朋友胜过我们的时候，他们会觉得自己重要。但是当我们胜过他们的时候，哪怕只有一点点，他们也会感到有压力，进而妒忌你，远离你！

当然，可能你有令你自豪的工作能力或是家庭环境，但是对于你的优势，那些旁观者会喝彩吗？相信我，他们经常做的是表面上恭维你，但是背后可能在诅咒你。你不能让自己的光芒盖过别人，我建议你少说话，多倾听。

每个人都有很多话要说，别人可能会向你诉苦，也可能会向你炫耀！你要做的是：微笑着去听他们倾诉！与人谈话本应该是快乐和谐的，要多给他人说话的机会，多给他人倾诉的权利。只有在他们表达完自己的想法之后，他们才会想起你，你才会有表现的机会！

# 让意见从别人的口中说出

/
人们喜欢按照自己的思维去做事，
当你希望别人去做一件事情的时候，
你需要让他自己提出解决方案，让这件事看起来是他喜欢做的。
/

对于那些你自己发现的事情，是不是要比别人告诉你的更信得过呢？如果是这样的话，你把自己的意见强加到别人头上，那个人会认可吗？如果你想要别人接受你的意见，为什么不启发他按照自己的思路去说呢？这难道不是更明智的做法吗？

塞尔兹先生是一位部门经理，有一段时间，他发现自己的部下有些懒散，对工作缺乏热情和信心。他知道，如果不及时采取措施，这些人将会拖垮公司。到那个时候，他面临的可不仅仅是失业，还会背负很多的债务。

于是，他给这些员工开了一次会议。在会议上，他要求员工们提出他们希望从公司得到什么。之后，他将这些需求写到了黑板上，信心十足地对员工们说："我将倾尽所能满足你们的需求，可是，我希望自己也能从你们身上得到回报，我现在想知道，当我满足你们的要求之后，你们能给我带来些什么呢？"

很快，他得到了许多令他满意的答案——忠诚、乐观、进取、合作，还有每天8个小时的忘我工作，甚至有人愿意一天工作14个小时。

这次会议使员工们对自己有了新的定位，他们得到了本该有的鼓励与期待。现在，塞尔兹可以坐在沙发上享受浓浓的咖啡了，因为员工的努力使得他们部门业绩大幅度提升。他得到上司的嘉奖次数比他数的钱还要多！

没有人喜欢强迫自己去做什么，或是硬着头皮去做上司指派的任务。我们都喜欢买自己喜欢的衣服，都喜欢按照自己的想法做事。有的时候，我们还希望别人能不耻下问，多来请教自己擅长的地方。

让我们再来看看维森的经历。他在不知道这个道理之前，曾经失去了一大笔本属于他的佣金。

维森是一家服装图样设计公司的推销员，最近三年中，他几乎每周都要去纽约的一位著名的设计师那里推销产品。那位设计师从来没有拒绝过他的拜访，但是也从来没有买他带来的图样。每一次的拜访都是徒劳的，那位设计师总是仔细地看看，然后把图样塞给他，说："真抱歉，看来这次的图样依然不能令我满意，期待下次合作。"

经过了无数次的失败后，维森先生觉得一定是自己在推销方法方面还有所欠缺。于是，他决定每周花一个晚上的时间去研究人的行为，借此产生新的观念和热情。很快，这种方法奏效了。

他拿了几张公司还没有完成的图样去拜访上面提到的设计师，他对这位设计师说："我这次来是想请您帮帮忙，这里有几张还没来得及完成的图样，请您指点一下，应该如何补全？"

那位设计师看了一会儿，思索片刻后说："维森，你把图样放在这里吧！过几天来找我，看看到时候我能不能有些灵感。"

几天后，维森又去拜访了这位设计师。设计师说："经过我的思考，你可以从以下几个方面着手完成。"接着，他就把自己心目中理想的样子告诉了维森。维森连忙感谢，就带着这些图稿回去补全了。结果，等他下次带着这些图稿来的时候，这位设计师欣喜地全部接受了。

从那个时候起，那位设计师开始不断地对他们公司的作品进行指导，然后再把成稿买回来。维森在这个项目上净赚了1600多美元的佣金。维森说："现在，我终于知道过去失败的原因了。我总是强迫他买我认为他可能需要的图样，可那些并不是他喜欢的。现在不同了，我请他提供自己的意见，使他觉得这些图样完全是自己理想中的样子。我不再要求他做什么，他也会主动向我要求购买，这真是让人开心！"

波洛克林市的一些X射线仪器制造商，也将同样的心理学理论用在了向大医院推销的工作上。有一家医院正在投资建设新型的放射科，他们准备购进全美国最好的X射线设备。汤姆负责洽谈这项业务，然而他被销售商包围了，那些销售商都说自己卖的产品是最好的。其中有一家销售商所用的推销技巧则更胜一筹。他们知道操作人员在这方面是最有发言权的，所以他们写了一封信给汤姆，信的内容是这样的：

我们工厂最近生产了一批新型的X射线设备，第一批货物刚刚运抵我们的商店。我们知道，它们可能不够完美，所以想尽快改进它们。所以，如果您能抽出时间前来调试，并告诉我们如何能让设备更好地为你们服务，我们将不胜感激！我们知道您的时间宝贵，我将很高兴派车在适当的时候去接您！

"我非常惊讶能收到这样一封信。"汤姆说，"我既惊讶又感到满足。从来没有厂商想听听我对他们产品的意见，他们让我感到从未有过的自豪感。其实，那一周我真的很忙，但是，我仍然推掉了一次重要的会餐去调试他们的机器。我越是深入研究它们，越是发现自己喜欢它们。那里的人没有去劝说我买他们的产品，我觉得为医院购置他们的机器完全是我的主意。我真的喜欢这些机器特殊的品质，还有那些预置的命令。"

拉尔夫·爱默生在他的《相信自己》一书中说道：每一个完美的成果，都有我们曾经拒绝过的主意在里面，这些主意通常是以另一种姿态再次展现在我们的面前。

威尔逊总统在位期间，爱德华·豪斯上校成功地为他处理了很多国内外的难题。他的影响力非常大，以至于总统在很多关键问题的决策上都听他的意见。总统对他的意见的重视程度，往往要超过自己的。那么，豪斯上校是如何影响总统决策的呢？很荣幸，我们现在知道他是如何做的了，史密斯在《星期四晚邮》上透露了这个秘密。

"认识总统之后，"豪斯上校说，"我发现想要改变他的观点只有一个办法，那就是你必须将正确的想法很自然地建立在他的脑海中，让他对这个新的想法产生兴趣，然后不断地去琢磨这个想法。这种方法初次奏效，那简直可以说是一种意外。

"有一次，我到白宫去见他，我恳请他执行一项新的政策，而他很明显持反对态度。但是几天后，在一次晚宴上，我惊讶地听见，他把那个政策当成自己的意见向大家说了出来。"

豪斯当时是否打断他说"总统先生，这是我的建议，不是你的"？

不，他没有，他是如此老练，怎么可能说出那样的话呢？他只是要求结果。对于那些虚无缥缈的荣誉，他才不在乎呢！所以，他在一旁暗示自己，那个不错的主意就是总统想出来的。后来，他甚至帮助总统自圆其说，让公众们知道他们有一个多么伟大的总统。

连总统都会有这样的弱点，让我们记住豪斯上校的睿智吧！因为我们每天所接触到的人，都需要我们用豪斯上校的智慧去帮助他们。

# 第三章

# 让人接纳你的技巧

多去倾听、善于倾听者会让讲话的那个人感到非常舒服，他的感受是你们和平解决问题的重要依据，只有鼓励他多说，才有可能使你们达成一致，找出解决问题的最佳契合点。

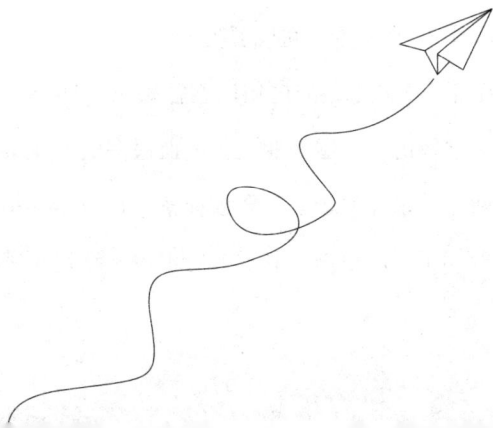

# 从友善沟通开始

/

强硬的手段不能真正解决问题，
应该尝试着用温和的语气去与他人交流。从友善沟通开始，
我们就可能引导他们同我们走向一致。

/

愤怒之下，你对别人大发雷霆，你是发泄了心中的怨气，可是你想过他人感受吗？他人会感到轻松和快乐吗？你那挑衅的语气，仇视的态度，他人能接受得了吗？

威尔逊总统说过："如果你握紧拳头来找我，我一定也会用同样的方式对待你！"

如果换一种方式："我们一起研究一下，看看到底是谁的原因？"很快你就会发现，原来彼此的分歧并不是很大。换句话说，只要相互理解、相互忍耐，一切问题都可以解决。

小洛克菲勒对威尔逊的这句话感触颇深。1915年，他还是个康州的小人物。他经历了美国工业史上流血最多的一次罢工，这次罢工事件持续了两年，事件源于矿工要求加薪。在董事会拒绝他们的要求之后，他们毁坏了工厂设施。联邦政府不得不动用军警前去镇压，很多

矿工死于冲突。工厂里到处充满了仇恨，可是小洛克菲勒的使命是让他们重新回到工作岗位上安心工作。他做到了，那么，他是如何平息他们的愤怒呢？

小洛克菲勒没有坐在办公室里想办法去怎么对付工人，而是花了大量时间去找工人及其家属谈心、了解情况。之后，他对这些人发表了一次演说，这一招产生了惊人的效果，工人们很快就忘记了仇恨。这次演讲是他的杰作，获得了很多人的赞同，大家一致认为他表现得很友善，没有再提出加薪的要求。

以下就是这篇演讲稿比较打动人的部分，注意小洛克菲勒从语言上流露出来的感情。别忘了，他这次演讲是讲给几天前想要将他吊死在酸苹果树上的工人听的。但是，他所说的话要比医生和传教士还亲切。

这是值得纪念的一天，这是我有生以来第一次有幸和公司的工人代表、职员以及督察人员共聚一堂。这让我倍感荣幸、终生难忘。要是在两周前举行这次会议，我的心里会忐忑不安。因为我们从来没有见过面，我站在这里完全是一个陌生人。

前几天，我到了你们的住所，和你们中的一些人做了推心置腹的谈话，我还拜访了你们的家庭，见到了你们的妻子。所以，现在我们即使不是朋友，也不能算是陌生人了。在这种和谐的气氛中，我感到和平解决问题的时刻到了，我很愿意与大家一起讨论有关我们今后的生活，有关我们共同利益的问题。

列席的代表包括了公司的各个阶层，我向你们能够不顾个人安危来到这里表示感谢。今天，我能站在这里完全是由于各位的钟爱。虽然我既不是公司的职员，也不是工人代表，但是我觉得自己与你们的利益是紧密相连的，我代表了股东和董事会。

这样的演讲，怎能不说是化敌为友的好例子！

要是小洛克菲勒不顾后果地与工人们针锋相对，用他们罢工的事实斥责他们，那结果又会如何呢？可想而知，那带来的将是灾难性的后果。工人们会挑起更多的暴力冲突，会有更多的流血事件发生。

世界上有这样一种人，他对你有成见，所以你就是找出再多的理由也不能让他接受你的观点。然而，当我们退一步，采用真诚、和善的语言，就有可能将矛盾化解。一百年前，林肯也说过类似的话："一滴蜂蜜能比一加仑胆汁捉到更多的苍蝇！"这句话是古老而现实的，想要别人赞同你，你就要让他相信你是他忠实的朋友，让他相信你就是一滴蜂蜜，贴近了他的心。

可能你没有机会去解决一次罢工事件，然而你所面临的生活问题也许会给你带来一些不必要的烦恼，想好如何去处理它们了吗？

工程师施劳勃希望能在续约前说服房东降低房租。可是，那个房东顽固不化，从来没有谁能够从他那儿占到半点便宜！他写信告诉房东他的租约到期了，他就会搬走。但是，如果房东可以可怜一下他，把房租降下来一点，他还是很乐意住下去的。房东收到信后，带着他的秘书一起来了。施劳勃没有一开始就说房租的事情，他先是说自己是如何喜欢这所公寓，如何钦佩房东的管理能力，之后才提到自己很愿意继续住下去，只是难以负担这么昂贵的房租。房东从来没有受到过房客如此夸奖，显得有点手足无措了。他对施劳勃坦言说：这些年以来一直受到房客的漠视，有的房客甚至对他进行了侮辱和谩骂。他对有施劳勃这样的房客而感到愉快，表示会减少他的租金，挽留他继续住下来。临走时他还问施劳勃房间是否有需要修缮的地方。

试想，如果当时施劳勃和其他房客一样直言要求降低房租的话，他一定会遭到冷遇。我们从中可以看到：友善、赞赏使得他得到了自己满意的结果。

那么，友善到底能带来多大的力量？《伊索寓言》中的一篇文章曾写到太阳和风争论谁的力量更大。

风说："你要是不信我，请看下面的这个老人。只要我一使劲，他的大衣准保会被吹飞。我们就比谁能更快地让他脱去身上的衣服吧！"于是，风开始吹了。风是那么大，简直都要变成龙卷风了，可是老人把衣服裹得更紧了。最后，风不得不停下来。太阳从云层中走出来，面朝老人微笑起来。没过多久，老人汗如雨下，不得不脱去了外衣。太阳对风说："友善永远胜过暴力。"

《伊索寓言》中的这个故事，让我联想起在波士顿发生的一件事。那时，大大小小的报纸、书刊印满了虚假医药广告来诈骗钱财。患者不明真相，盲目投医，很多人不幸死亡。而这些刽子手很少被绳之以法，他们只需要花一点点钱去贿赂法官，就可以免去死刑，甚至是免去坐牢！情况越来越危急，波士顿的上层人物开始批驳这种做法，他们痛斥那些丧心病狂的人，抨击那些昧着良心刊登广告的媒体。那些有良知的社会团体、妇幼协会、教会等纷纷站出来，可是这些都无济于事。人们将提案送到议会，恳请得到法律的援助，然而，那些有钱的商人凭借政治背景依然逍遥法外！

辛普森医生是基督教联合会的主席，他用尽办法，但无济于事。一天深夜，他还在殚精竭虑地思考这个问题，突然，他想到了整个波士顿都没有人用过的办法。这个办法就是：用友善、同情、赞赏来感化这些媒体的主办者，让他们主动停止刊登那类广告！

于是，辛普森医生给当地最大的一家报社的发行人写了一封信。在信中他对该报社在新闻界的地位大加赞赏。接着，他话锋一转，说自己的小女儿曾经读到过报纸上刊登的堕胎广告。她是那么小，怎么也没弄明白这是什么意思。于是，她就来问爸爸。可是，辛普森医生无论如何也无法解释这个问题，他觉得自己很难堪。他便想到，像他们这样的有文化氛围的家庭都出现过类似的情况，不知道这位发行人是否也有一个天真烂漫的女儿，是否愿意让她看到这类广告？当她提出这样问题的时候，他是如何巧妙回答的？

然后，他接着称赞该报纸在其他方面如何完美，但是上述的情形仍然使得做父母的担心，他们不得不禁止孩子们去读这些报纸。为此，他为报社的前途感到担忧，他相信其他的读者也会有相同的想法。

两天后，报社的发行人给他回复："先生，您好！本社编辑已经将您的信件呈送给我，我对您信中所提问题深表感激。这件事，在我的心中已经深藏许久。现在，我将很高兴地通知您，自下周一起，我们将停止刊登一切让读者不舒服的广告。谢谢您的来信，您的关切将使我们受益匪浅，非常感谢。"

看，这就是友善的力量。它能使人改变原有的态度，它比暴力更容易解决问题！当你需要得到他人的赞同时，请别忘记要采取友善的方式！

# 学会倾听

/
不管是爱挑剔别人的人，
还是喜欢对别人指手画脚的人，
在面对一个善于倾听的人的时候，往往很快就会被征服。
/

最近我参加了一次宴会。用餐前，朋友们都围坐在一起打桥牌。我是个地地道道的门外汉，所以在旁边看了一会儿热闹就走开了。在墙角的扶手椅旁边，我发现了一位女士。于是，我拿起半杯红酒走了过去，友好地向她打了一声招呼。

她可能也是觉得很无聊吧，竟然邀请我坐下来聊天。当她知道我在罗威尔·托马斯先生发迹前曾经担任过他的私人助理并跟随他到非洲各地旅行后，惊讶地对我说："卡耐基先生，您能不能详细说说都到过哪些地方？游览过哪些名胜古迹？"

我搜遍脑海，想要向她介绍几个比较不错的地方。可是还没等我说完，她又接着说："我和丈夫刚刚去了一趟非洲。""非洲？"我接过了她的话，"那个地方真是太适合旅行了！我一直想再去一趟。可惜，我只是在阿尔及利亚待过一天。我真是太羡慕你了，你在非洲一定有许多快乐的经历吧，能告诉我吗？"于是，她把自己在非洲的经历全部告诉了我。这次谈话，我们足足聊了45分钟，她没有再问我到过什么地方，看到过什么。看起来她需要的只是一个专心的倾听者，当她看见我完全沉迷在她的故事中，似乎感到自尊心得到极大的满足。

像她这样的人我每天都会碰到，他们往往会在聊天后给予我很高的评价。有的甚至会反过来说我很健谈，很风趣，说我是一个很有魅力的谈话对象。这不是很奇怪吗？

可是，天知道我都做了什么！事实上，我经常面对专家级的人物，对于他们所讲的专业术语，我甚至从来没有听说过。我面对他们的时候，就是在那儿静静地听着。适当的时候我会点头示意，表现出自己十分想了解的样子，仅此而已！当然，他们也一定觉察到了，这显然让他们很高兴。这种"静听"，是我们对于他人的一种"尊敬的，甚至带有一点恭维"的表现。

伍德福德在他的《异乡人的爱恋》一书中这样写道："很少有人能够拒绝别人认真倾听时所展现出来的恭维。"我真诚地告诉那些与我谈话的人，他们的见解让我受益匪浅，我很希望拥有像他们一样多的学识，我渴望与他们多多沟通，期待再次相见！

正是这样，他们觉得我善于言谈，但实际上，我只是耐心倾听，并鼓励他们多说，不停地说而已。这种方法可以用到任何领域，如果你是一个老板，当你将店面装点得富丽堂皇的时候，当你将广告散布到每个角落的时候，请不要忘记：你所需要的是一些善于倾听顾客心声的店员，而不是那种喜欢据理力争的辩论家！

沃尔顿在我的辅导班上举过这样一个例子。有一次，他在新泽西州靠近大海的纽瓦克市买了一套西装。但是，当他穿上这套西装兴奋地度过了一天后，却突然发现衬衫的领子已经被染黑了，他感到非常气愤，他把西装塞到口袋里带回商场，找到售货员，准备向他说明情况。可是售货员却表现得十分不耐烦，屡次打断沃尔顿，用一种让人十分反感的技巧辩解："像这样的西服，我们已经卖出几千套了，你是第一个回来找碴儿的。"那声音大得出奇，就好像是在侮辱他的智商，想让别人看他出丑，借机羞辱他！

正当沃尔顿和售货员理论的时候，另外一个店员插嘴进来："所有黑色的衣服都是经过染色处理的，像你买的这种价位的衣服是不可能避免掉色的，那完全是料子的原因。"听了这些，沃尔顿火冒三丈。他心想：这是什么服务态度啊！第一个店员怀疑他的诚实，第二个店员又暗示他是个穷鬼。

正当沃尔顿要破口大骂的时候，那家商场的经理走了过来。他不愧是个善于交际的人，几分钟后就让沃尔顿平息了怒火，让他满意而归。你想知道经理是怎么做的吗？在处理这个问题上，他采取了三步：

第一步，他让沃尔顿重述西服存在的问题。在沃尔顿愤愤不平的时候，他静静地听着，直到听完最后一个字。

第二步，当沃尔顿说完后，那两个店员又开始和沃尔顿争辩了。可是，商场经理却站在沃尔顿的立场上，他说衬衫领子很明显是西服染黑的，还坚持认为像这种不能让客人满意的商品，是不应该卖出去的。

第三步，商场经理十分诚恳地承认确实不了解这件衣服的质量会如此差劲，他坦诚地对沃尔顿说："您认为我们该如何处理这件衣服，请尽管说，我们完全按照您的意思办。"

几分钟前，沃尔顿还想着必须退货，可是现在他的气愤都让商场经理给化解了。经理还建议沃尔顿将这套西服带回去再穿一个星期，如果到时仍然不满意的话，可以回来换一套新的。他对西服给沃尔顿造成的麻烦深表歉意。一周过去了，西服再没有褪色，沃尔顿对那家商场的信任又恢复如初了。

当时的沃尔顿有点偏激，然而在一个善于克制的倾听者面前，他终于还是被真诚感化了。善于倾听是一种品德，懂得倾听是一门艺术。倾听偶尔也会成为你的指路明灯：在你认真倾听别人对你说的每一句话后，往往会激发出内心深层次的欲望，使你找到人生新的方向！

巴克的成功之路就是善于倾听所带来的。他年少时家境贫寒，家里的经济状况十分糟糕，使得他只读过6年书。然而，当他步入中年的时候，已经是美国新闻界最著名的杂志编辑之一。

巴克13岁就离开了学校，去西联公司做了童工。那时候，他每星期能够赚6.25美元。在这种极贫困的环境中，他一直都在追求着深造的机会。由于条件有限，他处处节省。当省下来的钱能够买一本旧书的时候，他就马上跑去书店买书。就这样，他凭借顽强的毅力自学成才。

当他读过《美国名人传记大全》之后，做了一件人们闻所未闻的事。他开始给书中提到的那些在世的名人写信，请求了解他们童年时代的一些琐事。从这里我们可以看出，巴克天生就有一种倾听的特质——他希望那些成名人物多谈谈自己。像爱默生、霍姆斯、朗费罗、林肯夫人、奥尔科特、谢尔曼、戴维斯这样的名人都曾给巴克回复过。

当他和这些名人建立联系后，他还经常到他们的家里去拜访，渐渐地成了他们家里的常客，这样不同寻常的经历使他慢慢有了宝贵的自信心。在他虚心求教的过程中，他扮演了一个极虔诚的倾听者的角色。正是如此，那些名人才愿意倾囊相助，教给他知识。他们激励他树立理想和志向，彻底地将他从社会的最底层解救出来。而所有的这些只是验证了我们现在所讨论的话题，让我再说一遍吧，倾听，要善于倾听！

可是，当你听一个讨人厌的家伙说话时，你的忍耐程度总是有限的。有这样一群人，他们的社会地位很高，但是他们和你说话时总是谈论自己的琐事，真是让人作呕！这种只关注自己感情的人，是完全被自重感麻痹了的人。哥伦比亚大学校长巴德勒博士说："这种人是无药可救的，他们素质低下，与他们所受过的教育完全不成正比。"所以，要成为一个谈笑风生的人，你需要先去倾听别人的谈话。

很多人认为自己牙痛带来的不适，要比天灾带来的数百万人的流离失所还要难以忍受；脖子上的脓肿如此之大，要比10级地震波及的范围还要广！所以，请记住：和你谈话的人会觉得自己的问题要比你的重要几百倍。

多去倾听、善于倾听者让讲话的那个人感到非常舒服，他的感受是你们和平解决问题的重要依据，只有鼓励他多说，才有可能使你们达成一致，找出解决问题的最佳契合点。

# 不要争论不休

/
学会尊重他人，不要轻易指责他人，
对于对方的言谈，不要轻易说"不"。
/

　　第二次世界大战后不久的一个晚上，我受邀去参加罗斯·史密斯爵士的庆功会。他曾在二战中澳大利亚的飞行大队中担任飞行员，被派往巴勒斯坦执行空中任务。战后和平条约签订后不久，他做了一件轰动全球的伟绩——30个小时绕地球飞行半圈！似乎从来没有人想过那么做，即使想过，也没有人愿意那么做，因为这是一件极其危险而又富有挑战性的极限运动！鉴于他的突出成就，澳洲政府奖励他5万美元，而英国国王则授予他爵位。之后很长一段时间，他都是众人瞩目的焦点。

　　然而，就是在这样一个令人欢欣鼓舞的宴会中，我得到了一个至今难以忘怀的教训。我记得很清楚，当时大家刚刚吃完饭，正在谈论着一些有趣的事。坐在我旁边的男士很幽默，他给我们讲了很多笑话，最后还援引了莎士比亚的"谋事在人，成事在天"作为论据。

　　我觉得很奇怪，这句话明明是莎士比亚的，为什么他说是出自《圣经》呢？我对自己的记忆力深信不疑，难道他是故意的？我为了展示我的渊博学识，毫无顾忌地纠正了他的错误。可是他固执地认为自己没有错，是我记错了。他显得情绪激动。"什么？那句话出自莎士比亚？不可能！绝对不可能！它一定是出自《圣经》！"

他当时就坐在我的右边，而我的老朋友法兰克·葛蒙坐在我的左边。葛蒙是一个专门研究莎士比亚的学者，他研究莎翁的著作已经有很多年，于是我俩都同意向他请教。葛蒙用脚轻轻碰了我几下，然后递了一个眼色说："戴尔，是你错了，这位先生是对的，这句话确实出自《圣经》。"我无奈地看着他，心里久久不能平静。回家的路上，我质问他："葛蒙，你明明知道那句话是出自莎士比亚，竟然和他一起说我不对，你是什么意思？"葛蒙一本正经地回答我："是的，一点不错，那是《哈姆雷特》第五幕第二场的台词！可是，亲爱的戴尔，你应该明白，我们是这个盛大的宴会上的客人，为什么一定要找个证据来指责别人的错误呢？难道你这样做会让别人崇拜你？为什么就不给他留点面子呢？再者，他也没有征求你的意见，当然他不需要任何人的意见，你又何必和他死拼到底呢？我要告诉你，永远避免正面冲突，那才是理智的。"

永远避免正面冲突，这是多么富有哲理的一句话！这是一个沉痛的教训，因为我向来是一个不愿妥协的诡辩者。

小时候，我和哥哥为宇宙中的一切辩论着。进入大学后，我主修逻辑学和辩论术，经常参加一些辩论赛。不久之后，我就出了名，受聘于纽约一所学校，负责讲授演讲与辩论。有一段时间，我甚至想写一本书来宣传我的理论。可是从那以后，我经历了无数的辩论，而它们所带来的结果让我明白：是非只为多开口，天底下唯一能从辩论中获益的方法就是避免辩论。

其实，我们往往不会注意到：90%的情况下，当一个人和另外一个人辩论结束后，谁都不能使对方彻彻底底地放弃自己的观点。有意思的是，他们往往会更加坚信自己理论的正确性。你永远赢不了一场辩论！

想想看，当你输了，你就是个十足的失败者。那么当你赢了呢？结果和失败一样！为什么呢？如果你有过硬的口才和可靠的证据证实对方是错误的，你可能会指责他，甚至是羞辱他，你觉得自己无坚不摧，扬扬自得！可是他呢？要知道，在你高兴的时候，他心中滋生的却是悔恨与愤怒。你伤了他的自尊心，他会无视你的胜利果实。他甚至会怨恨你将他逼到了绝境，再也无脸见人了！这样的结果难道是你想要看到的吗？你必须明白：即使你驳倒了对方，但是他依然会固执地坚持自己的观点！因为那是他在长期生活中所形成的价值观，他不会轻易背弃自己的信念。一有机会，他就会卷土重来，再次与你争执！人是很感性的动物，只要你适当约束一下自己的嘴巴，就会有意想不到的结果。

帕特里克·奥海尔是一名参加过我辅导班的爱尔兰人。他曾是一名司机，后来做了他们公司的汽车推销员。由于不满意自己的业务表现，他来找我，想要让我给他提提建议。他说明了自己的情况后，我了解到他不但受不了批评，而且常常在别人批评他后反唇相讥。就是因为这样，顾客才不买他的账，他也为此苦恼。对他而言，我觉得重要的不是教他如何说话，而是让他学会收敛，避免与他人争执。现在，他已经成为怀特汽车公司的明星促销员了！他是如何成功的？让我们一起来看看他现在面对顾客时是怎么做的。下面的这个故事是根据他本人的口述内容整理的：

当我走进那个人的办公室说明来意的时候，他可能对我说："什么？怀特汽车？不好，即使你白送，我都不开！我喜欢的是XX品牌汽车。"我会回答："XX品牌汽车不错，他们的车系出名门，售后又好，买他们的车不会错。"这样，他就无话可说了。因为我们的观点一致，他就不能再一味地说XX品牌汽车如何好。之后，我就有可能寻找到一个机会向他介绍怀特汽车的优点了！

要是在过去，我肯定会着急，想方设法说那个牌子的车是如何如何不好。可是，对方也会想方设法反驳我，争辩会越来越激烈，最后的结果肯定是会谈不欢而散！现在回想起来，我觉得自己过去真是太幼稚了。不知道这样的争论，让我失去了多少宝贵的时间，少赚了多少钱！现在我学会了沉默是金，皇天不负有心人，终于有所收获了！

睿智的本·富兰克林在晚年时曾说过："如果你去争辩，去反驳，或许你会得到胜利，可是那种胜利是虚无缥缈的，这是因为你永远无法博得对手的好感！"好了，你该好好想想了，到底是想得到那种空虚的胜利呢？还是要得到别人对你的好感呢？正所谓："鱼和熊掌不可兼得。"可是，世界上的事怎么可能那么凑巧，你要说服的那个人为什么偏偏要和你意见一样呢？

《一点一面》里的一章对如何避免由意见的不统一升级为争论，给出了一些建议：

1. 欢迎赐教。记住这个谚语："两雄不并立。"它暗指的是如果两个人总是观点一致，那么有一个人的存在就是不必要的了。但是如果有些不当的地方被别人提出来了，你应该对此怀有一颗感恩的心。没准他的不同意见会让你避免犯大错！

2. 不要相信第一感。我们的自然反应是建立在自卫的基础上。请小心，要保持冷静的头脑，第一感可能是你最糟糕的表现！

3. 控制情绪。你可以从引起一个人生气的原因来评判他能否有所成就。大人物怎么可能对琐事斤斤计较呢？

4. 倾听是首要任务。给对手一个把话说完的机会。不要试图以维护自己的观点来反对他的观点或者有意辩论，这会影响沟通。尝试建立相互理解的桥梁，不要引起更深的误会。

5. 寻找彼此思维一致的范围。当你发现对手与你有分歧时，先去考虑那些会让你们产生共同感的地方。

6. 诚实做人。找到可以让你承认错误的地方，诚恳地向对手表示歉意。这可以缓和他们的敌意，消除他们的防备心理。

7. 一定要考虑对手的意见，并且努力去研究它们。这意味着：有时候，你的对手是对的，考虑他们的想法是明智的。等到他说"我早就告诉你了，可是你就是不听"的时候，你的处境将会非常被动。

8. 为对手向你展示出来的兴趣表示真诚的感谢。考虑你的问题是需要花费时间的，如果你意识到这一点，你就应该把他们看作是帮你的人，这样就可以化敌为友了。

9. 给双方考虑的时间。为你要做的事情想好每一个过程，每一种结果，不打无把握之仗。

这就是生活告诉我们的，避免争论是你获得成功的重要途径。只要你用心去品读别人的思想，你就能在平和的气氛中找到获胜的一线生机！你就是当之无愧的王者！

# 开始就谈论对方容易接受的话题

/

与他人谈话时，要先说说他会表示同意的话题，
然后不失时机地将他引导到彼此都赞同的事情上来，促使他迅速与我们沟通。
得到对方的肯定，本来是一件很容易的事。
可是，人们常常用自己的观点去反驳别人，结果，大家只能不欢而散了。

/

与别人谈话时，不要一开始就谈彼此意见不同的话题，应该多去聊聊相互谈得来的话题。如果可能的话，你要不断地强调：你们追求的是同一个结果，只是你们所用的方法不同而已。你可能有自己的真知灼见，然而，那些见解不是一开始就要向他人展示的。在谈话的开始阶段，你应该使对方不断说出类似"是的，是这样的，我同意"这样的话，你要尽量防止他有抵触心理，尽量防止他说"不"。

奥福瑞德教授在《人类行为》一书中提到："'不'字是人类最难以克服的障碍！当一个人说出'不'字之后，他为了保全自己的尊严，就不得不坚持下去。他会想尽一切办法去维护自己的观点！尽管事后他可能会发现自己犯了一个很大的错误，但是在当时，他只能坚持到底。所以，确保谈话从一开始就朝着正确的方向走，这很重要！"

善于言辞的人，往往在一开始的时候，就要想方设法多得到别人肯定的答复。只有那样，他才能抓住听者的心理，将他们引导到朝着自己有利的方向发展。

爱博生是纽约一家银行的接待员。有一次，一位看上去十分阔绰的绅士走进了银行。他带来了很多现金，可是他告诉爱博生，他十分厌烦银行里的规定，他拒绝对存款申请表上的一些细节问题进行回答。

爱博生对我说："如果这样的事发生在我尚未研究人际交往之前，我一定会告诉他，如果他不把那些表格全部填上，我们一定不会办理他的业务……我觉得自己以前的这些想法太疯狂了，也不知道因为这样的做法，让银行损失了多少客户。我那个时候如此冲动，只是为了自我满足，想要表现自己有多么内行！"

可是，现在的爱博生已经十分老到了。他告诉那位绅士："其实，我也觉得这很麻烦，我们都不喜欢在这上面浪费时间。可是，如果您将来有一天不幸去世了，而您的钱存在了我们的银行，您是否愿意将它们转交给您最亲密的人呢？"那位绅士马上回答说："那还用说吗？我是十分愿意那么做的！"

爱博生接着说："如果您想那么做，那么请将您最亲近人的名字都填在下面的这一栏吧。假若有一天您不在人世，我们可以在最短的时间内通知他们过户！难道您不觉得这是个很好的提议吗？"

那位绅士笑着说："哦，太好了，原来是用来做这些的啊！我将会认真、详细地把这些填好！"他填好这些表格之后，又按照爱博生的建议为自己的母亲开了一个爱心账户。

现在让我们想想这里面深层次的东西。当爱博生决定说服那位绅士的时候，他没有谈银行所要求的，而是谈起了顾客的需要。他很容易地让那位绅士软化下来，因为他让那位绅士知道，他所做的一切都是为了维护顾客的利益。绅士在说了"是"之后，自然也就不再想去争执什么，问题得到了很好的解决。

人的控制机能其实很有趣。当一个人说出"是"时，他就会调动全身器官，使自己看起来很轻松、很合作！如果反过来，当一个人说出"不"时，他心里就会盘算着如何能够使"不"有立足之地。为此，他会调动全身的器官，提高警惕，完全不受外界的干扰。

所以，当谈话开始时，如何恰当地使对方有更多肯定的回答，那显得非常重要。这样的技巧，在现实生活中的应用是很巧妙的。让我们一同看看，威斯丁豪斯电气公司的推销员埃里森的智慧故事吧！

在他负责的区域内住着一位富豪，他的前几任上司都曾想卖给那位富豪一批货物。然而，这做起来并不容易。他们花了10年的时间也没有拿到像样的订单。当埃里森接管这一地区后，在最开始的3年也只是卖给富豪几台发电机。

是他们公司的发电机质量不好吗？不，他们公司的发电机在近半个世纪都深受好评！埃里森知道自己需要的只是一个机会。如果能使对方满意，或许在不久的将来，他能得到更多的回报。于是，他找了一个机会去见那位富豪。他兴致勃勃地走进那位富豪的办公室，可是那位富豪却给了他当头棒喝。

那位富豪说："埃里森，你以后就不要来这儿了，我不准备买你们公司的发电机了！"埃里森不知所措，赶忙问道："这是为什么呢？"富豪对他吼道："你卖给我的是什么？是微波炉吗？那几台破发电机散热量也太大了，我甚至不能将手放到上面。如果我的手放上去，马上就会变成烤鸡翅了！你会很高兴闻到我的手所散发出来的香味儿吧！"

这简直就是无理取闹，可是，埃里森知道跟他争辩是不会有什么好下场的。他心想：我的同事已经留下了深刻的教训，对于这样一个挑剔的人，我应该想办法让他快点说"好"、说"对"才行。

他向那位富豪微笑着解释："先生，如果情况真的如你所说，那么我完全同意你不要再买了！这样的垃圾产品也只配卖废铁！我知道，您对安全生产非常重视。您所需要的发电机，在散热方面应该是符合电工协会所制定的标准，对吗？"

富豪点头，这样，埃里森获得了他想要的第一个"同意"。他又说："电工协会规定，一台标准的发电机，可以比室内温度高出22度，对吗？"富豪同意了，说："是的，这样说没错，规定是这样的。可是你们的发电机温度高得太离谱了！"他没有和富豪争辩，继续问："好吧，即使是这样，那么，请问你们工厂的温度是多少？"富豪想了想，说："嗯，大概24度。"他又说："这就说明，工厂温度加上规定温度，应该是64度。那么，我想问问您，如果您把手放到64度的水中，会不会烫伤？"

富豪回答说："嗯，是这样！"埃里森向他提了一个建议："先生，如果您不再去碰那台发电机，问题不就没有了吗？"

富豪接受了这个提议，笑呵呵地对他说："我想你说得很有道理，既然是我的错，我该对你们有所弥补！我决定向你们公司再定3万美元的货！"

埃里森说他花了很多年的时间，以失去无数订单的代价才悟出一个道理：争辩根本不是解决问题的办法。与人沟通，需要从对方的角度去看问题。要设法及时地让对方"同意"，这才是成功的秘诀所在！

其实，得到"同意"的答复，本来是一件很容易的事。但是，在日常生活中，人们往往没有意识到那样做的好处。很多人一开口就用反问的语气去指责对方的错误，好像这样就显示了自己的与众不同。可是对方呢？他们会很顾及自己的自尊心，然后说："不！"这个时候，即使你绞尽脑汁，用你最大的耐心也很难消除他们的反抗或是抵触情绪了！

苏格拉底是古希腊的一位伟大的哲学家，他每天受到的挑战比我们一年面临的还要多。他是如何让那些反对他观点的人改口的呢？他用的方法就是不断地让对方说"同意"。到最后，那些反对者们就会在不知不觉中接受了自己曾经反对的那些结论。这不是很奇怪吗？是的，有的时候用迂回的战术让他人说"对"，会让他们习惯下去！最后，他们往往会发现，自己的反驳完全没有道理，那是在自取其辱！

中国有句古话："轻履者行远！"这句话表现出了中国古人的智慧。五千年的文明史，让他们得以用充分的精力去研究人的天性。那些得道之人，往往用这样的话来勉励自己。如果你想要行得更远，请记住这个技巧，让我再说一遍，就是不断地让对方说"同意"。

# 主动承认错误

假如我们知道自己错了，那么我们为什么不主动承认错误呢？
如果在别人责备你之前，你能够承认自己的错误，
那么他将无话可说，你也将有机会得到谅解。

我家住在纽约的中心地带，在离家步行不到一分钟距离的地方有一片树林。每当春天来到，翠绿的小草便从地面钻了出来，林中不时蹿出几只松鼠，欢快地跑着。人们经常到这里散心，还给这里起了一个名字——森林公园。我也常带着我的波士顿猎犬雷克斯来这里玩。

一天傍晚，当我和雷克斯在公园的长椅上休息的时候，后面突然传出马蹄的声音。我转身一看，马背上是一位穿着制服的警察，他似乎急于行使他的权力，大声向我喊道："你居然让这只劣等的畜生不戴口罩在公园里乱跑，难道你不知道这是违法的吗？"

我轻声回答："是的，长官，我知道这不合规矩。但是我能保证，它在这里是不会咬人的。"他怒不可遏地说："你保证有什么用！法律可不管你怎么保证！你的狗可能会袭击这里的松鼠，可能会伤害到那些无辜的孩子！"

他看到我手足无措的样子后接着说："好吧！这次我宽恕你，下次如果让我看到你那只狗不拴链子，也没有戴口罩，那么，我只能带你去法庭了！"

我心里想：这个可恶的警察，总是有那么多废话！等你的马踢到人的时候，看你怎么说！可是，我只能对他笑脸相迎。接着，他哼着小曲悠然自得地骑马走了！

雷克斯并不喜欢戴口罩。而且，我也不舍得牵着它走。于是我决定碰碰运气，在公园里人少的时候带它去溜达。过了几天，我又带着它去公园玩，我刚带着它跑到一个小坡上，没想到迎面过来的还是上次那个警察。雷克斯可不管之前我们约定了什么，它径直跑了过去，绕着那匹马跑着玩。我吓坏了，不等警察开口，赶忙说："警察先生，我愿意接受您的处罚。您跟我说过，它在这里是必须戴口罩的！"没想到，那个警察竟然非常温和地对我说："没关系，我知道在没有人的时候，出来遛狗是很有趣的一件事。"我苦笑了一下，接着说："是的，确实很有趣。可是我触犯了法律，应该受到惩罚。"他竟然为我辩解："像这样一只小狗是不可能咬伤别人的！"我看着他，无奈地说："可是它能咬伤松鼠啊！"那个警察安慰我说："你把事情看得太严重了，你现在要做的是：带着那只小家伙去别处，只要不让我再看到你，这件事就算了！"

回到家后，我感到十分不解，我一直在想：同样一个警察，对待同样的事件，前后态度竟然如此不同。后来我想通了：虽说警察需要履行自己的职责，但是警察也是有人情味儿的！当我承认自己的过失时，他保持自尊感的方式就是采用宽大仁慈的态度，借此显示他人性的光辉，让我敬重他。要是我和他争辩，那结果一定是相反的。正是由于我迅速果断地承认自己的错误，才使得他不用再去说那些冷酷的语言，他才会为我辩解，这件事也就有了让人欢喜的结果。

是的，假如我们知道自己免不了受到责罚，那么我们为什么不先去承认错误呢？这样的错误从自己的嘴里说出来肯定要比从别人的谩骂中听到让人好受一些吧！如果你在受到责备之前，能够及时坦白自己的错误，那你将会有相当大的概率摆脱困境，得到他人的谅解！既然能够得到他人的谅解，你还奢求什么呢？这正是上面的故事所告诉我们的处世原则。

还有一种情况：有时候我们会被误解，这时候你可能要使尽浑身解数为自己讨个说法，但是你是否想过，退一步海阔天空，当你承认不属于自己的错误时，你可能同样会化解一次危机。

华伦是一名画家，经常为一些广告商和出版社绘制封面。在这个领域，精确无误的制图非常重要，可那要花费大量的时间。有一些顾客常常按照自己的需求，要求华伦准确无误地完成任务。可是，谁能够保证所有的细节都不会出错呢？因为这一点，他常常感到非常紧张。让人非常无奈的是，他就碰上了这样一位客户，那个人经常吹毛求疵，这使得他们经常闹别扭。有一次，华伦按照约好的时间去出版社交图稿。不出所料，那位编辑看过画后满面愁容地盯着他。

华伦想起了刚刚在辅导班上学到的"主动认错"，于是，他赶忙说："先生，真是太对不起了，我的错误真是不可原谅。我为您画了那么多的画，本应该知道什么样的才算符合标准，我真是太惭愧了！"

那位编辑听他这么说，态度马上变了："是的，虽说有点小问题，但是这是可以理解的，其实也不是那么坏，只是……"

他赶紧插话："无论如何，肯定还有不尽如人意的地方，看上去会让别人笑话吧！"编辑要说话，可是又被他打断了："我太毛躁了，您这么照顾我的生意，我应该让您满意才对，这幅画我拿走，回去我会为您赶做一张新的，保证让您满意！"这是他第一次主动认错，而实际上他也确实乐意这么做。

编辑摇摇头，笑着对他说："不用了，我知道你画这么大的一张画是需要大量精力的！其实，我所看到的只是一个极小的错误。那不会影响宣传效果，你就不要太顾虑了。如果你不介意的话，留下来一起吃午饭庆祝合作成功吧！"

正是华伦主动承认错误，才使得编辑怒气全消。在日常生活中，只要你仔细观察就会发现：一个浮躁的人往往会急于为自己辩护，而辩解的结果又往往无济于事，他们往往显得很愚蠢。一个勇于承认错误的人，往往会得到别人的同情，会给人一种尊贵、高尚的感觉。

李将军是南北战争时期受人尊敬的一位将领。据史料记载，他之所以受到尊敬，是因为他是历史上为数不多的，敢于坦荡承认自己指挥错误的高级将领。

那是盖茨堡战役中的一次冲锋战，由匹克德率领的5000人组成的大军向前线推进。匹克德是一位英俊的少将，他在战场上的英勇作战赢得了士兵们的追随。即使炮火连天，也从没有士兵为此而退缩。他们所向披靡，迅速占领了一个个庄园。可是，当他们经过一片墓地时，一切都功亏一篑了。埋伏在墓碑后的联军，突然冲了出来。他们用步枪不停地对惊慌失措的匹克德率领的军队进行射击，顿时就抢占了先机。半个小时后，匹克德的军队只剩下了不到1000人，他们只能撤退。

李将军是这次战役的总指挥，当得知自己的部队受到重创，无法再次组织进攻时，他立刻向南方同盟政府领导人递交辞呈，恳请派年轻有为的人领导军队。

如果他不愿负责任，完全可以找出几百个替罪羊，或找出类似师长不尽职、后援行动慢等借口为自己的过失辩解。然而他没有那么做。当看到匹克德带领残军回到军营中时，他亲自去迎接他们。面对这些生还的士兵，他深深地自责："这次战役的失败都是由于我指挥上的错误，我应该负全部的责任！"

这就是一个将军亲口说的话，他让人看到的是一种敢于承担自己错误、受人敬仰的领袖情怀。既然这样一个站在军队制高点上的人，都能承认自己的错误，我们又有什么理由掩饰自己的错误呢？

错误总是难免的。如果是别人误解了我们，我们就应该想办法，巧妙地让别人赞同我们的观点；如果是我们错了，我们就应该及时、诚恳地承认它，想办法去弥补它。这样不但能获得惊人的效果，而且某些时候你会发现：比起意义不大的辩论来说，这显得更加有趣！

请记住这样一句话："争夺永无止境，谦让收获更多！"

# 不要令人生厌

/
言语乏味反映出一个人缺乏智慧、想象力以及敏感性，
而这些特性是健全人格不可或缺的重要因素。
/

我们身边总有些讨厌的人，他们本身并没有什么可耻的行为，而且看起来也不算坏，但是他们依然对我们的精神有着潜在的威胁。他们用乏味的语言肆意摧残我们的心灵，让我们饱受无聊的刺痛。

非常遗憾的是，目前几乎没有什么好办法能够缓解这种刺痛。如果你不想让自己口中溜出的言语伤害别人，那么我们所能做的只能是从源头上把握自己。

可是，什么样的语言会遭人厌烦呢？下面就是几种令人生厌的最常见的言行。

1. 不停地谈论自己的孩子或者宠物之类的话题。许多女士聊家常的时候，总是以"你的孩子最近怎么样了"作为开始。这个看似很平常、亲切的一句问话，往往会得到做报告似的回答！你从这里面能够得到的只是乏味与无聊。这类话题的一个突出特点就是她只谈论自己感兴趣的

事，从来不会考虑别人是不是真的喜欢听她的长篇大论。话题的范围通常很广泛，从自己的孩子到丈夫喜欢的电影，从整修自己房间的过程到自己表姐的水果储藏室再到门外的乞丐。她会把所有的细节都毫无遗漏地灌输给你，直到你气得想拿台灯去砸她。

2. 说话没有重点。马克·吐温曾写过一篇文章去讽刺一个爱唠叨、说话不分主次的人。故事是这样的："亲爱的，我和你讲过去拜访哈比印第安村的故事吗？我们是星期五早上出发的。哦，纠正一下，应该是星期四，因为星期三我要去修补牙床。我上面的门牙有点松动，可是那个牙医的职业素养真是不够，他不停地对我啰唆他的能力。不过，幸好他有做生意的天赋，我曾建议我的上司和他合作。说起我的上司，他也是一个傻瓜，什么事情都要靠我，因为他很难集中精力去做一件事。有一天，我对艾拉说：'假如我不干了，我的上司会怎么样呢？'艾拉说：'要是你不干了，我只能回家靠我妈妈养我了！'"最后，你一定会非常困惑：他说的那个印第安村到底是个什么样子呢？

3. 对他人漠不关心。这种人通常并不健谈。当你兴致勃勃地向他讲述一件离奇的事时，你会发现那完全是对牛弹琴。当你为了缓和这种局面而讲点可能会产生共同语言的话题时，他却总是会用"是、嗯"等简单的词应付你。如果你比较幸运的话，没准你会从他的嘴里听到"真的吗"这样的词语，这时候，你肯定会像中了彩票一样，惊奇地望着他。这种人就是十足的木头，想从他们身上得到礼貌性回应的概率相当于你买彩票中了头奖。他们永远不会对你感兴趣，就好像他们已经超然成佛。

4. 天生喜欢争辩。这种人就像一张弹力网，无论你多用力地冲击他，他都会将你弹回来！他们似乎是万事通，知道任何问题的答案。而且，他们有一种能力能让争论迅速瓦解，让任何人都没有发言的机会。他们会一本正经地告诉你："先生，不是这样的，你完全错了！我要告诉你……"更加麻烦的是，他们总会非常鲁莽地、不假思索地告诉你很多本来你不想听的事！对付这种人只有一种办法：同意任何他所提出的见解。他们心里从来不想和任何人交换看法，他们只会考虑像颁布法律那样去表述自己的意见。是的，没有人会故意惹人生厌。可是大多数的情况下，他们并不了解自己的言谈给别人带来了什么。所幸这类情况还是有章可循的。克服言语乏味是你走向成功的必经之路！

# 不要对敌人心存怨恨

/
诅咒你的人，要为他祝福；
凌辱你的人，要为他祷告！
/

　　臭鼬是一种非常厉害的动物，通常它们攻击距离3.5米内的目标时，弹无虚发。它们靠奇臭无比的液体让对方短时间失明，这种臭味甚至在800米外都会被闻到。可惜我小时候并不知道这一点，我一度兴奋地跑向那只没有死去的猎物，结果可想而知。

　　等我长大后，我在社会上打拼时也遇到了许多类似臭鼬的人。我从这些不幸的经历中逐渐发现：无论招惹哪一种臭鼬，都是划不来的。当我们恨我们的仇人时，就等于给了他们制胜的力量。那种力量能妨碍我们入睡，搅乱我们的胃口，提高我们的血压，破坏我们的健康，影响我们的情绪。

　　要是敌人知道，他们是如何让我们整天遭受怨恨的折磨，他们是如何让我们紧张不安，他们是如何让我们生气甚至是死亡的，他们难道不会拍手称快，兴奋得要去跳舞吗？我们对他们的憎恨，不能让他们感到痛苦，反而会使自己的生活变得一团糟，就像活在地狱里面一样。

有这样一句话："如果有小人想占你的便宜，就不要理会他们，更不要想着去报复。当你想要和他扯平的时候，你受到的伤害，往往比那家伙要多得多。"你猜这句话出自哪里？它听起来似乎是从某个理想主义者口中说出的，其实不然，它出现在警察局的宣传单上！

你可能会想：报复怎么会伤害到自己呢？《生活》杂志中有一篇文章是这样说的：高血压患者的最主要特征就是容易愤怒，如果他们愤怒不已的话，就会引发心脏病！

几年以前，有一个68岁的老伯在史波坎城开了一家小餐厅。他家的生意不错，他唯一感到不满意的就是厨师总喜欢用他的茶杯喝咖啡。有一次，他和厨师吵了起来，可厨师不以为然，大摇大摆地走出了餐厅。他觉得十分气愤，抓起抽屉里的左轮手枪追了出去。结果，还未等到开枪，他就因为心脏病发作倒地死去。直到验尸官验尸的时候，他手里还紧紧握着那把手枪。验尸官的报告指出：他因为愤怒而造成心脏病发作！

现在你该明白耶稣教导我们的"爱你的敌人"，不只是一种道德上的教育了吧？他宣扬的也是当代的医学，他是在教我们怎样避开高血压、心脏病啊！当耶稣说"爱你的敌人"的时候，他也是在告诉我们：怎样保护我们自己。

我想你可能会认识一些女人，她们的脸因为怨恨而布满皱纹，因为悔恨而变了形，因为失望而表情僵硬！不管她们怎么保养，她们也不会有太大的改变。其实，只要她们心中充满宽容和温柔，她们的脸蛋就会自然而然地焕发出少女时代的光彩。

怨恨的心理，甚至会影响我们对食物的享受。《圣经》上面说："怀着爱心吃菜，甚至会比怀着怨恨吃肉还要好！"你可能会觉得我这样说也无济于事，可我仍然想劝告你：即使你不能去爱你的仇人，至少你也要对自己负责。我们不能让仇人控制我们的心情、我们的健康以及我们的外表。

正如莎士比亚所说的："不要因为你的敌人而燃起一把怒火，不要让这把怒火灼伤你自己！"当耶稣说"爱你的敌人"的时候，他也是在告诉我们怎么去养生。

我有一个朋友叫乔治·罗纳，他是一名律师。在二战的时候，他曾逃亡到瑞典。没有人认识他，没有人愿意去接济他，他那时迫切想找到一份工作。由于他懂好几国的语言，他希望能去跨国公司做秘书。

但是，大多数公司都回信告诉他，因为正在打仗，他们的生意只在国内做了，不过会把他的简历存在档案里。有一个经理甚至给他回了一封这样的信："你完全不了解我们公司是做什么的。你是那么的愚蠢，我根本不需要任何替我写信的秘书。即使我需要，我也不会雇你。因为你甚至连瑞典文都写不好，那里面净是错别字，还有很多语法错误。我相信你对其他语言的掌握也只能说是一知半解！"

当乔治看到这封信的时候，他简直气得要发疯了。他心里想："那个傻乎乎的经理竟然说我不懂瑞典文，我看你的回信也是错字连篇啊！我非得再写一封信侮辱你一下不可！"

不过，当他平静下来的时候，他又想："哎，我怎么能肯定他说错了呢？我确实是学习过瑞典文，但那并不是我的母语，也许我确实犯了许多自己并不知道的错误。如果是那样的话，我就要更努力地学习，那样才能顺利地找到工作。他的本意很可能不是他表达出来的那样，他可能已经帮了我一个大忙。所以，无论如何我都应该写信感谢他在我这件事上耽误了时间。"

于是，乔治动笔写了回信。

您真是一个大好人，明明知道自己不需要一名秘书，但是依然不嫌麻烦地给我写了回信。对于把贵公司的业务搞错这件事，我觉得非常抱歉。我之所以会向您求职，完全是因为经过了别人的介绍，他们说您是这一行的领军人物，而我确实也想向您学习更多的知识。我并不知道信上有那么多的语法错误，真是太惭愧了。我打算更加努力地学习瑞典文，谢谢您及时纠正我的错误，帮助我认识到了自己的水平。

几天后，乔治收到了那个经理的回信，他邀请乔治去公司实习。乔治这才发现：温和的回答能消除别人的怒气，善意的态度能博得别人的厚爱！

也许，我们不能像圣人那样去爱自己的仇人。但是，为了我们自己的健康和快乐，我们至少要学会原谅他们，或是忘记他们。有一次，我问艾森豪威尔将军的儿子约翰："你的父亲会不会一直记恨别人？"他回答说："不会，我的爸爸从来不浪费一分钟去想那些他不喜欢的人。"

"不会生气的人是傻瓜，而不去生气的人才是聪明人！"这就是前纽约州长威廉·盖诺用来自律的话。他曾被内部文件攻击为一无是处的笨蛋，后来又被一个疯子的手枪打中胸膛。当他躺在病床上与死亡做斗争的时候，他说："每天晚上，我都会做祷告，希望上帝宽恕那些伤害我的人。"

他这么做是不是太傻了？他是不是有精神病呢？我们来听听德国伟大的哲学家，"悲观论"的提出者叔本华是怎么说的。他认为生命就是一种毫无价值而痛苦的冒险，当人们走过的时候，你会发现他好像全身都散发着痛苦。可是，叔本华又告诉我们："如果可能的话，不应该对任何人有怨恨的心理。"

有一次，我问曾做过六任总统顾问的伯纳："你会不会因为敌人攻击你而难过？"他回答："没有一个人能够羞辱我或者是干扰我，因为我从未给他们机会。"

事实上，人们不会平白无故地去羞辱或是干扰别人，除非你给了他理由！如果他真的对你做了什么，你只需要坦然处之。正如有句话曾这样说："棍子和石头也许能打断我的骨头，可是言语永远也不能伤到我！"

我常常站在加拿大斯帕国家公园里仰望一座山。那座山在我的印象中应该是西方最美丽的山，它还有一个美丽的名字"依迪斯·卡薇儿"。这个名字本是一个人的名字，那个人在1915年10月12日被绞死。她是一名护士，但是，她能犯什么罪呢？

在德军的眼中，其罪当诛。她在自己的家中藏匿了几名受伤的法国和英国的士兵，还帮助他们逃往了荷兰。德军不断地辱骂她，甚至对她施以毒刑。但是，她是一名视死如归的战士，当牧师为她祈祷的时候，她说了一句警示后人的箴言："我知道光爱国是不够的，我不能对任何人怀有敌意或是怨恨！"这句话让她名垂千古，四年后，她的遗体被运往伦敦，在威斯敏斯特人教堂举行了丧礼。

你是否还想知道，有什么办法能让你远离纷扰呢？有一种方法可以让你原谅敌人，忘记他们对你所做过的一切。那就是，让自己去做一些绝对超过能力范围的大事！因为这样，我们就能把精力全部用在这件事上，就不会有杂念去想其他的事情，那些所受到的侮辱也就无关紧要了。让我们来看看劳伦斯·琼斯的故事：

1918年，战争继续进行，由于受到战争的影响，人心不稳。在密西西比州中部流传着一个谣言：德国人正在唆使黑人策划暴动。

劳伦斯·琼斯是一位黑人牧师，有一次，在他鼓励当地的黑人振奋精神，抓紧时间生产的时候，他放言："生命就是一场战斗！让我们穿上上帝赐予我们的盔甲，用战斗来求得生存与繁盛！"不巧的是，这句话被教堂外面的一大群白人听到了。他们完全误解了劳伦斯的意思，只记得自己听到了"战斗""盔甲"，认为这已经足够说明问题了！

于是，他们半夜的时候集合起来，带着各种各样的武器，冲进了教堂。他们将劳伦斯捆了起来，拖到一千米外的柴草垛上，准备施以火刑。情况十分危急，那些愤怒的白人准备一边用火烧他，一边将他吊死！这时候，有一个人喊道："在我们把这个人烧死之前，让他再说两句吧！说啊！说啊！"

劳伦斯恍惚着站了起来，他用低沉的声音做了一次演讲。他丝毫没有为自己哀求，只希望别人能够理解他的理想。这次演讲是发自肺腑的，他用非常诚恳的态度赢得了人们的尊重。那么他是如何说的呢？

他望着周围愤怒的人们开始了发自内心的呼唤："我于1907年毕业于荷兰大学。在学校的时候，由于我性格和善以及在音乐上的造诣，一直深受老师和同学们的喜欢。毕业后，我放弃了继续深造的机会，甚至拒绝了一位有钱人的友情赞助，来到这个地方。

"这个地方很富裕吗？众所周知，这里的土地是南方最贫瘠的。那我为什么要来到这里呢？我曾读过《布尔克·华盛顿传记》，当时就决心献身教育事业，那是我最高的理想。我为了实现我的理想，甚至将爷爷送给我的手表当掉，用换回来的钱在这里办起了露天学校。多少年来，我在这个偏僻的地方教育了无数的孩子，教他们做农夫、铸造师、厨师的技艺。曾有许多白人，像劳尔·史密斯这样的人都协助过我建立这所学校，他们送给我土地、木材还有牲畜，帮助我继续我的教育工作。"

这时，一个参加过南北战争的老兵说："我相信这个孩子说的都是真话，我认识他所说的那个白人。他是一个好人，我们错怪他了，我们应该去帮助他而不是处死他。"他拿下了自己的帽子，号召大家为他捐款。最后，他筹集到了52.4美元，把钱交给了劳伦斯。

劳伦斯事后向大家说："我没有时间去和别人吵架，也没有时间去后悔，因为没有哪个人能强迫我卑微到去恨他的地步。我忙于实现自己的理想，要做出对社会有益的事！"

是的！他做到了，他所建立的那所学校，现在已经是远近闻名了。我不久前还去那里做了一次演讲，听到了这个创始人的传奇故事。

我想凡事有因就必然有果！不管怎样，命运总能让我们为过错付出代价。谁能认识到这一点，就不会跟别人争吵，就不会辱骂别人、责怪别人、怨恨别人。

让我们永远记住：不要去试图报复我们的敌人。如果我们那样做的话，我们将一无所获，只能伤害自己。

# 第四章

让人认同你的技巧

如果你想更有效地指挥别人，请别忘记用提问的方式引起他们的兴趣。如果你这样做了，他们会很容易地听从你的安排，主动权就会牢牢地控制在你手中。

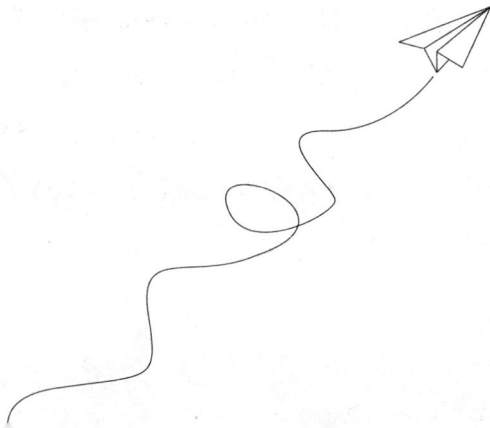

# 批评要从赞赏开始

别忘了在每天的生活中，为他人留下一点赞美的感动，
这一点小火花可以燃起友谊的火焰。

心理学表明：在我们听到他人的赞美之后，如果再听到其他令人不愉快的话，就比较容易接受了。

我的一个朋友曾经受到柯立芝总统的邀请，当他来到总统的私人办公室时，刚好听见总统对一位女秘书说："你今天穿的衣服真有格调，它让你看上去更年轻，更漂亮！"当然，柯立芝总统经常是沉默寡言的。一生很少赞美过别人的他，这次竟然破天荒地对女秘书说出那样的话来，这使得女秘书的脸上立刻泛起了红晕。总统接着说："别难为情，我这么说只是想让你有愉快的心情工作。但是，从现在起，我希望在你交上来文稿之前能够注意一下标点的问题。"总统对女秘书的告诫虽说是直接了点，但是他所用到的心理学技巧确实是很巧妙的。这个技巧就好像是在修面之前涂上一层肥皂水，那样才有利于干净利落地刮掉胡子！

在麦金利1856年竞选总统时，共和党的一位资深党员为他撰写了一篇演讲稿。就这位党员自身而言，他认为自己的这篇文章已经是天衣无缝了。他自豪地将这篇文章送到麦金利的面前，并且饱含深情地朗读了一遍。可是，麦金利并不认为这篇演讲稿尽善尽美。虽说其有许多可圈可点之处，但是，里面的一些话语会让人感到不适。他认为，这样的一篇演讲稿会招来一场批评的风波！

麦金利不想打击对方的一腔热忱，但是他又不能使用这篇演讲稿，这真让他进退两难。那么，他是如何处理这个问题的呢？他是这样说的："我的朋友，这真是一篇蕴含独特见解、精彩绝伦的演讲稿。就里面的措辞而言，我相信没有人会比你使用得更好了。正常情况下，这是一篇让人激动、深得人心的演讲稿。可是，我所处的地位，我所面临的听众都是极其特殊的。你认为它可以取悦听众，我知道，从你的立场来说，它是合适的。但是，我必须从本党的立场出发考虑它所带来的影响。现在，我希望你能回去，按照我的意见好好修改一下，然后再送过来。"那个党员毫无怨言地做了通篇修改，在那次的竞选中，他成了麦金利最得力的助手。

赞赏确实可以成为批评之前的润滑剂，常常使批评变得更有效，也可以代替批评来警示别人，这就要看你是如何巧妙地应用了。

林肯曾写了两封著名的信件。第一封写给比克斯比夫人，为她在战场上牺牲的五个儿子表示哀悼。虽说他在那封信上可能只花费了五分钟的时间，但是，那封信在1926年却被拍卖出1.2万美元的高价，这比林肯半生的积蓄还要多。第二封是在1863年4月26日写的，正值美国内战时期。战争已经持续了一年半的时间，林肯的将领们却在这个时候屡战屡败。战场上的屠杀和仇恨，让这场战争充满血腥。那时人心惶惶，无数的士兵临阵脱逃。参议院的共和党议员也开始动摇了，他们经常发生内讧。最后，他们趋向于逼迫林肯辞职。林肯无奈地说："我们已经掉进了毁灭的深渊，我感觉上帝似乎也在反对我们，我看不到曙光！"这封信就是在这样一个充满黑暗、混乱不堪的时期写出来的。而我摘录这封信的目的就是想要告诉亲爱的读者：他是如何改变一位将领的心态，扭转败局的。这封信是他在任时写的措辞最为严厉的一封信。但是我们可以看出，他在指出这位将领的错误之前，还是先称赞了他。

错误本来是非常严重的，可是林肯落笔沉稳，含蓄地表达出：有些事，你没有让我十分满意。下面就是这封信的部分内容：

我有充分的理由任命你为波托马克军队的司令官。在我的印象中，你是一位骁勇善战的军人，这让我感到欣慰。然而，有人提醒我你将会把政治和职责混淆在一起。这怎么可能呢？我相信你有一颗坚强勇敢的心，具备一种有着无限价值的美德。但是，我对你的一些行为也确实不是很满意。我知道你很有野心，但我相信如果它被限定在一定范围内，还是十分有益的。然而，有些事情出乎了我的意料。当彭西德将军带领军队的时候，你似乎忘记了自己该做的事，纵容你的野心膨胀，进而对他的作战方案妄加干涉。这简直是对你的国家，对你出生入死的战友所犯下的难以饶恕的错误。

我还曾听闻，你说军队和政府需要一位独裁的领袖。我相信了，但是你应该明白，我赋予你军队指挥权可不是出于这样的目的。我也从来没有那样想过！政府对于你从来没有吝啬过什么，对于其他的将领也是一视同仁。你是爱国的英雄，但是你却向自己的战士灌输了不用信任上司的思想，难道你不怕将来他们同样去反驳你？好好考虑一下吧！我愿意竭力去帮助你摆脱这种危险的思想！要是士兵脑子里都是这种思想，即使是拿破仑转世，也不能带领他们取得胜利了吧！现在，希望你不要轻率进军，凡事要小心谨慎，争取每一场战争的胜利。

从上面的信中我们可以看到，这封信透露出严厉的谴责，但是字面上却用词诚恳，情真意切。谁看到这封信能不受感动呢？虽然你不是柯立芝或是林肯，但是，他们的一种处世哲学对你的日常生活还是有用的！下面我们再来看看卡伍先生在华科公司的经历。

华科公司在费城承包建筑一座写字楼，按照合同约定，他们必须按时完工。这项工程开始时进行得非常顺利，然而在就要完工的时候，负责供应铜装饰品的公司说他们的货源不足，无法继续供应了。如果因为这个华科公司不得不支付大额的违约金，那真是太不值得了。华科公司开始为他们自己的利益展开攻势，他们不停地给那家公司打长途电话，不停地和他们理论，可是无济于事！百般无奈之下，他们只好派卡伍先生前去交涉。

卡伍走进这个公司的经理办公室，说的第一句话却是："先生，我发现您的姓名在布鲁克林区是独一无二的！"经理听到这话，感到十分意外，他摇摇头说："不会吧，我怎么没发现？"卡伍很和气地对他说："今天早上我下了火车，查电话簿找你的地址，才发现在整个布鲁克林区只有您一个人叫这个名字！"那个经理说："我还真的从来没有注意到这一点。"说着，他翻起了电话簿，果然一点不错！他很骄傲地说："哦，这确实是一个不常见到的姓名，我的祖籍是荷兰。200年前，我的祖先搬到这里，在这里扎了根！"卡伍见他把话说完了，赶紧找到另外一个话题。他赞美这个经理说："这是我见过的铜器工厂中最干净整洁的一家，它里面的设施是最完善的！"那个经理说："是的，我用了毕生的精力去经营它，以它今日的规模而自豪，我很愿意带你去参观一下整个工厂！"

参观工厂的时候，卡伍一直想着去称赞这家工厂的管理模式。他告诉经理，这家工厂的仪器有很多是他从来没有见过的，让他大开眼界！这个经理告诉卡伍那几个造型奇特的机器是他自己研发出来的。他用了很长的时间去教卡伍这些机器的使用方法，向他展示这些机器的功用。参观完工厂后，他又邀请卡伍一同吃午餐。餐后经理对他说："好了，现在我们言归正传，我知道你此行的目的。但是，我没有想到见面后，我们共同度过了一段愉快的时光！"他面带笑容地继续说："你可以先回费城了，我保证你们的货会准时送到。即使牺牲了其他客户的利益，我也愿意同你继续合作！"

是的，卡伍在这个过程中对自己的来意只字未提，但是他的目的达到了。后来，他们公司也没有违约，工程如期完成了。现在，我们来想想，如果当初卡伍用激烈的语言谴责他，会不会有这样满意的结果？

所以，想要改变别人的想法，又不想让他难堪，你可以从赞美做起，用心去和他交流。这样，你的品德会深深感染他，你也会顺利地达到目的！

# 用理智的提问代替命令

/
没有人喜欢被别人命令，不要对任何人说出直接命令的话。
你应该采用一种建议的语气，而不是命令的语气。
/

泰勒女士是美国知名的传记作家，我很荣幸曾和她共进午餐，并一起谈论人与人相处的一些关键问题。她说在她写欧文·杨的传记时，采访了一个曾和杨先生同坐一个办公室达三年之久的人。那个人从来没有看到过杨先生直接对谁发号施令，相反，他总是不断地给别人建议。他会说："考虑一下……您认为……会有效吗？"他经常在审阅别人的发言稿时这么说："您觉得这样写好吗？"当他看完助手的文稿后，他会这么说："如果我们这么措辞，听起来会不会更好一些？"他总是给别人机会，让他们按照自己的想法去做事，让他们在锻炼中减少失误，从错误中总结经验，从而获得成功，而不是一味地指挥他们如何去做。

这样的技巧容易让别人改正错误，让他们知道自己曾是多么无知；这样的技巧可以让别人保留自尊，同时让他们觉得事情很严重；这样的技巧可以使人更容易合作，而不是和自己作对。

　　但是，即使下达的命令是为了改变很糟糕的境地，它所带来的怨愤也可能很久都不会散去。宾夕法尼亚州的青年教师丹·桑塔里在我的课堂上讲过这样一个例子。

　　有一天，一个学生将车停在了路中间，造成了交通堵塞。一位老师怒气冲冲地问："外面那个破车是谁的？怎么能愚蠢地停在了路中间？"当那个学生承认是自己的车时，老师尖声训斥他："把那个破车挪走，马上就去！否则我会给它拴上铁链子，然后把它拖到垃圾场，你别想再要回来！"

　　虽然那个学生先犯了错，但是，从那天开始，不仅那个学生对老师怀恨在心，他的同学也想尽办法不让那个"可怜"的老师好过，让他的工作无法顺利开展。如果是你，你该怎么跟那个学生谈这件事呢？你是否应该这样说："停在外面路中间的车是谁的？"然后建议对方把车挪走，保证道路通行顺畅。这样的话，那个学生和他班上的同学就不会对这事怀恨在心，也不会与老师作对了。

　　提问的方式不仅能够使命令听起来更加让人愉快，有的时候，它也能使听者激发出创造力。如果听者能够参与讨论，他们会更容易地听从你的命令，下面的例子就是最好的证明。

　　伊恩·麦克唐纳是南非约翰内斯堡的一家小工厂的经理，他们主要生产精密零部件。有一次，他接到了一笔大订单，这对他而言是一次升职的机会。可是，他也深知无法按时交货所带来的风险。那么他是如何解决这件事的呢？他并没有直接下命令督促工人加紧赶工，而是告诉这些工人，如果他们能够按时完成任务，这笔订单将为公司和每个人都带来很大的利益。下面就是他对工人提出的问题："对于这次的订单，我们应该怎么处理？""谁能想办法帮助我们调整工作时间，或者更科学地分配任务？"工人们想出了很多好办法，然后建议他发出命令。结果他们把货及时交到了客户的手中。

这就是一个明智的领导所用到的技巧。如果你想更有效地命令别人，请别忘记用提问的方式引起他们的兴趣。如果你这样做了，他们会很容易地听从你的安排，主动权就会牢牢地控制在你手中。

# 将想法出人意料地表达出来

这是一个表演的时代，仅有平实的叙述是不够的。
你需要把话语表达得生动、有趣、出人意料。

几年前，费城的《晚间新闻简报》受到谣言的恶意污蔑。有人指责他们广告篇幅多于新闻，内容空洞乏味，缺少真实报道。在这种谣言的蛊惑下，读者渐渐远离了这家报社，报纸的发行量不断下滑。这家报社在事态失控之前，采取了一个策略，使得人们马上回到了购买该报的浪潮中。

他们是如何使如此广大的读者迅速回到自己身边的呢？

这家报社将报纸上的标题整理出来，分门别类地加以扩编，最后制成一本书，名叫《一天》。这本书厚达307页，保守估计价格在2美元左右，可是它在报纸上的定价却只有几美分。

书籍出版后，所有的谣言都不攻自破。人们发现，原来该报纸的内容是如此的丰富。它显示了《晚间新闻简报》上包含大量有趣的实事，这些实事被记录得生动形象，让人印象深刻。这显然比任何图表和辩解都有效。当今时代已经不允许人们保守地表达自己的观点，站在你面前的那个人，往往希望你能出人意料地展现给他与众不同的一面。而你想要出人头地，就必须练就出色的本领。你可以向电影、电视里的明星们学习，向那些富有创意的广告学习，如果你能将自己的观点出人意料地表达出来，那么你离成功也就不远了。

对于出人意料的表达所能带来的独特力量，下面的例子或许能给我们一些启示：有一家鼠药制造商想推销自己的产品，他们就在销售场所布置了一个橱窗，然后在里面放了两只活老鼠。当顾客们对他们的产品半信半疑的时候，他们就可以来一个现场实验。这样的方式比任何高明的劝说都要有效，人们往往会在惊奇中带走几盒鼠药。

是的，或许你也有过这样的想法，但是你觉得自己在天赋上有些不足，不能很好地运用这种方法。你觉得沮丧吗？我想告诉你的是，沮丧是懦弱的表现，而你应该露出笑容！我建议你没事多去看看那些电视购物节目，看看那些聪明的商家是如何诱惑我们购买他们产品的。

还记得克莱斯勒汽车公司的广告吗？他们将几头大象赶到了自己生产的汽车上，汽车依然毫无问题地向前行驶。还用说什么吗？事实胜于雄辩！这种出人意料的表达方式为克莱斯勒公司带来了大量的客户。实际上，他们更倾向于促使我们乖乖地把钱从银行取出来，送到他们面前！我们从中学到了什么呢？出人意料地表达自己的想法！这就是创意！

《美国周刊》的调研员波恩顿为了向一个客户解释新产品上市将遭遇的种种困难而深感疲惫，无论他用什么样的方法，都不能阻止那个客户将自己的产品推向市场。后来，他改变了劝说的方式，让客户放弃了将新产品上市的想法。他是怎么做的呢？

波恩顿将市面上类似的产品都收集到一起，每个产品外面都贴上了一张纸，纸上简要地介绍了它的市场占有率以及竞争力。当那个客户看到这些后，印象十分深刻，接着便有了一次融洽的谈话。

这就是一种表演术。只要你用心去想，然后付诸实施，只要它与众不同，那么，你所得到的结果就会和自己的付出完全相符了！请记住这个技巧，想让事情变得更加顺利，你需要出人意料地表达自己的观点！

# 提出一个挑战的目标

/

如果想要促成一件事，我们就要去竞争。

那不是一种肮脏的获取钱财的手段，

而是一种获得成功的途径！

/

　　司华伯手下有一个厂长，这个厂长无法让工人按时完成规定的产量。厂长说："我实在是不知道怎样办才好，我用尽各种办法也无法让他们辛勤工作。我鼓励他们，训斥他们，甚至用解雇威胁他们，可是这些都无济于事！"司华伯看了看时间，当时正是白班工人和夜班工人交接班的时候。于是，他向厂长要了一支粉笔，走到一个工人身边问道："你们工作组这一天完成了多少热构件？"工人说："6个。"司华伯听后，在地上写了一个大大的"6"字，然后离开了。

　　夜班工人来接班的时候，一眼就看到了这个"6"字。他们问白班工人这是什么意思。白班工人说："老板刚才来过这里，他问我们今天做了多少热构件，我们说是6个，他就在地上写了这个'6'字。"第二天早上，司华伯又去视察工厂。他发现地上的"6"已经被换成"7"了。司华伯感觉到事情已经好转了，就对白班的人说："看来夜班的那伙人干得不错！"白班工人发现夜班工人的效率比自己高，这样他们就不再认为是夜班工人消极怠工才导致产量低了。他们觉得自己不能输给夜班工人，于是，他们就加紧赶工，非常热忱地投入到生产中去。当白班工人下班的时候，他们的领队很自豪地在地上写了一个巨大无比的"10"字。

情况就这样慢慢地发生了根本性的变化。这个工厂的产量原本很低，可是现在已经提高了不少。工人们领到了更多的奖金，他们的干劲也再没有消失。

这是什么原因呢？用司华伯自己的话来说就是："如果想要做成一件事，就必须鼓励竞争，这种竞争不是金钱上的争夺，而是要超过别人的心态！"司伯华清楚挑战所能带来的巨大动力。

人人都害怕失败，但是勇敢的人会放下他们的怯懦，勇往直前，有的时候他们会付出生命的代价，但是更多的时候他们会走向成功。没有人愿意受到别人的轻视，一次挑战能够激起一个人炽热的情感，也能够激发他的潜能，让他创造奇迹。

臭名昭著的星星监狱坐落在鬼岛，有一段时间，那里甚至没有监狱长。不是因为那里偏僻，没人去管理，而是因为那里的犯人都是极其凶残的。他们每天大吵大嚷，时常破坏监狱的设施，那里的狱警随时可能牺牲。史密斯负责招聘一个德才兼备的人来管理那里。可是，如果不是极其勇敢的人，谁会去那里呢？当劳斯站在他的面前时，他轻松地问：

"你去管理星星监狱如何？那里需要一个像你这样经验丰富的人。"劳斯感到很窘迫，他知道那里简直就是个地狱。去过那里的监狱长没有一个人能待上三个星期。而他原本打算去另外一个监狱进行管理，而不是"星星"这个鬼地方！他不想把自己的前途断送在这里。史密斯见劳斯犹豫不决，就说："年轻人，我不会因为你的害怕而轻视你。确实，那不是一个省心的地方。所以，那里需要的是一个有魄力、有才干的大人物。"

就这样，劳斯心中马上产生了一个想法，他想去做一件只有"大人物"才能做的事情。结果，他在那里待了一辈子，成了全国最著名的监狱长！

每一个成功的人都曾在挑战中获得乐趣，他们喜欢证明自己出众的能力和价值，只有挑战才能激起他们的战斗意志！所以，用挑战去激发他人的创造力，有时候是一个绝妙的办法！

# 让人乐于听从你的意见

/

让人乐于听从你的意见，是人与人之间交际的一项重要技巧。

对人施以小恩小惠常常是得到这个结果的一种手段。

/

　　1915年正是一战最惨烈的时候，没有人知道这场国与国之间的战争是否达到了人类所能承受的极限。一年过去了，战争状况丝毫没有改变。对此，美国人深感震惊，和平还会再来吗？没有人知道。

　　威尔逊总统没有坐视不理，他决定派一个代表作为和平的使者，同这些欧洲的军队领袖们进行停火商议。布莱恩是当时的国务卿，他是一个倡导和平、愿意奔赴欧洲的人。他看出这是一个绝佳的机会。如果他能够完成这个任务，那么他的事迹将永载史册。

　　然而，事情并没有按照他所想的那样发展。威尔逊总统派了他的好友豪斯上校去处理这件事。可想而知，布莱恩如何能心平气和地接受这个结果，这的确是一件不太容易做到的事。

　　豪斯上校在日记里写着："当布莱恩知道我要当和平大使远赴欧洲的时候，他失望极了，沮丧地说：'这件事原本我是准备自己去的。'

我向他解释：'总统认为派一个官方代表去进行正式谈判是不明智的，如果派你去的话，一定会引起广泛的猜疑，人们会想为什么国务卿会亲自前往？'"

你看出这段话隐藏的含义了吗？豪斯上校几乎就是向他明说：你的地位太重要了，要是你去做这件事，无异于小题大做！布莱恩听到这样的话，当然是非常满足了。从这里我们可以看出，老练的豪斯上校在处理这个问题上，遵循了人际交往中的一个重要技巧，那就是：给他人戴高帽，让他信任自己。

同样的策略在威尔逊总统邀请麦卡度担任内阁成员时也曾用到。任命内阁成员是总统能够给予他人的最高荣誉，当他满怀深情地邀请麦卡度的时候，他让麦卡度感到自己处于十分重要的地位。

麦卡度是这样陈述的："总统说他要组建自己的内阁，如果我能加入这个集体中，担任财政部长一职，他将感到非常愉快！他处理问题时总是有让人感到愉快的方法，他给我留下这样一个印象：如果我能答应下来，就是帮了他一个大忙！"

不过，威尔逊总统应用这个策略还没有达到驾轻就熟的地步。如果他能做得更好的话，历史将会以另外一种姿态展现在我们的面前。在美国加入国际联盟这一问题上，他就没有使参议院和共和党满意。他拒绝带领那些著名的共和党的领导参加和平谈判，而这些领导包括像伊莱休、查尔斯·休斯以及亨利·卡伯特这样的大人物。相反，他只是从自己的党派里面选出两个不知名的小人物随行。

这样一来，他冷落了共和党，让共和党党员们认为这是他个人的主意，他的事不需要别人插手。结果，这种鲁莽的处置人际关系的做法，摧毁了他的事业，损害了他的健康，导致他的生命时间减短。而美国也被国际联盟拒之门外，这让美国的历史有了另外的轨迹！

这种让别人乐意按照自己的意愿办事的策略，不仅仅是总统和外交家的专利。印第安纳州的农场主戴尔讲述了自己是如何让孩子们乐意去做家务的：

我儿子杰夫的任务是拾起梨树下已经落地的鸭梨，并将它们放到水果篮子里。这样的工作可以使那些割草的工人不用分心捡鸭梨，专心致志地除草。可是他不喜欢这份杂活，经常不把鸭梨捡干净，有的时候甚至没有去捡，这让除草工人不得不停下手中的活，将他遗落的梨子捡起来。

我没有严厉地去教训他，让他知道自己是多么失职。我对他提了一个建议："杰夫，基于你现在的工作状况，我有一个想法。当你捡满一篮子鸭梨的时候，我就会给1美元酬劳。但是如果你遗落了一个鸭梨，我将会扣掉你1美元。每个月的月末结账怎么样？"

你可以想象出来，一方面他不得不捡起所有掉落在地上的鸭梨，另一方面我也不必监督他是否将树上的鸭梨摇落去塞满篮子。但不管怎样，我还是让他积极去做一件他本不喜欢的事了。

想要让别人按你的意见做事，你就要先看看他们心里想的是什么，因势利导才能够摆脱困境。

我认识这样一个人，他是一个演讲家，可是由于每天要进行的演讲场数太多了，他不得不放弃一些人的邀请。而这些邀请他的人，很多还是他的朋友或是一些交往甚深的大人物。可是被他拒绝的人几乎没有对他不满意的，因为他太会说话了。他是如何应对他们的呢？他对这些人说"我太忙，抽不出时间"了吗？不，他从来没有那么做。他总是首先感谢对方的邀请，然后对自己的不便表示抱歉，接着再推荐一个能够代替他演讲的人。换句话说，他所做的一切都是从对方的立场出发，不会让人感到不愉快。

他通常会提出这样的建议："为什么不去试试邀请某某先生呢？他在这个话题上通常有独特的见解，他曾经研究过这类问题，我想他会很乐意接受你的邀请。而且，他也确实有实力能够把这场演讲准备得非常完美，为什么不向他咨询一下呢？"看，这就是他的策略，他会迅速地让你的注意力转移到另外一个人身上。而你也会很自然地接受他的建议，不会有任何的怨恨。

想要让人乐意去做一件事，你也可以对他们施以小恩小惠。

你是否觉得这样做显得有些幼稚？这些对付小孩子的方法，用到复杂的人际交往中真的有效吗？其实，只要你懂得变通，就没有什么方法是不能使用的。

拿破仑就曾用这样的方法去激励自己的军队。他曾给1.5万名士兵颁发了荣誉勋章，将忠于他的18位将军册封为"法国陆军元帅"，称赞自己的军队是"伟大的军队"。有人就为此批评他拿"玩具"糊弄那些浴血奋战的斗士。可是他回答说："人是受'玩具'驾驭的！"

当必须改变别人的思维和行为的时候，一个明智的领导应该时刻遵循着以下方针：

1. 对人真诚。不要应允任何自己做不到的事，要忘记一己之私。

2. 明确目标。明确知道自己到底想要别人做什么。

3. 细心探究。问问自己是否真的知道别人想要什么。

4. 仔细考虑一下，如果别人按照你的意见做事，他们会得到什么样的利益。

5. 对你所能提供的利益和对方需要的利益做一个比较。

6. 当你下决心要求别人做一件事情的时候，你要传递给他们这样一个信息——如果他们按照要求做了，将会得到梦寐以求的东西。

对于第六点，我在这里可以详细地说明一下。你可以这样去要求员工："约翰，我们明天有客人来访，我希望你能将仓库清理干净。所以，请你带着扫帚清扫一下，然后将里面的货物摆放整齐，将柜台擦干净。"当然，你也可以换种方式去表达同样的观点："约翰，我们手头有一件很急的工作要做，而这项工作是避免不了的。如果你现在将它做好，那么我们之后就不用再为它操心了。事情是这样的，我邀请了几个客人参观我们公司，我想带他们看看仓库，但是那里现在混乱不堪。如果你能够将那里清扫一下，将货物摆放整齐，然后再擦一下柜台，那将会让我们看起来具有很高的管理水平。你的额外工作将会成为部门经理提拔你的重要依据。"

听了你后面的这种建议，约翰难道会不高兴吗？或许，他不是太兴奋，但总比听第一种没有指出他的利益的说法要舒服多了吧。大多数人的经验表明，即便不读这些原则也可能改变自己的观念。但是，我现在把这些原则列在上面，就是为了可以更好地指引你提升效率。想要让别人心甘情愿地去按你的要求去做，请记住上面的建议。

# 克服演讲的恐惧

/

对于演讲的恐惧，大概每个人都曾有过。

克服演讲时的恐惧有个很有效的办法：你要假设听众都欠你的钱，

他们都想央求你多宽限几天。

此时此刻的你是神气的债主，根本不用怕他们。

/

在我的世界里，1912年发生了两件大事。第一件就是举世瞩目的"泰坦尼克"号在北大西洋海域沉没，而另外一件就是我的公共演讲班创立。

在第一期的课堂上，我让每个学员说说自己想从这个演讲班得到什么样的收获。答案五花八门，但是这些学员都有一个最基本的需求：希望自己在公共场合讲话不会怯场，希望自己可以随时调整好自己的思维，希望自己能够集中注意力将自己的想法表述清楚。

这些话你听起来比较耳熟吧？你是否也曾有过这样的诉求？你是否也曾想过要想办法让自己在公共场合谈吐自如，语言更具说服力？我觉得你肯定这样想过，既然你已经翻到这一节，就说明你对自己能够成功演讲抱有期待。

　　或许你会与我来一次面谈，忐忑不安地问我："卡耐基先生，你真的认为我可以在一大群人面前保持足够的信心，使演讲进行得更加流畅和富有激情吗？"

　　我可以非常肯定地告诉你，我的一生都在致力于鼓励人们战胜恐惧，建立信心与勇气。如果说一下这方面的成功案例，我想它们都可以被编成几十本书了。你现在所要做的，就是按照我的建议去实践。如果你认真地去做，很快就会发现自己已经克服了恐惧，开始享受在公开场合表现自己所带来的快乐了。

　　你是否曾有过这样的体会：当轮到你上台演讲的时候，你却几乎忘记了在下面准备好的台词。当别人的注意力都集中在你的身上，希望听听你的见解的时候，你的身体却在不听使唤地发抖。其实，这样尴尬的局面差不多每个人都经历过，可是，只要你按照我说的去做，你的信心一定会得以重建：

## 一、克服心理的恐惧

　　能力并不能决定一切，谁都不是天生的演讲家！

　　当公开演讲刚刚兴起的时候，想要成为一个公开演讲家真不是一件容易的事。那个时候，人们对公开演讲很挑剔。他们认为公开演讲是一门高雅的艺术，你在台上的措辞必须恰当得体，毫无语病和发音上的错误。

　　而如今，那些考究的演讲礼仪已经渐渐大众化了。我们常常在宴会或是电视上看到那些重要人物很自然地讲话。而这种讲话只要求我们与听众进行心与心的交流，再也不是居高临下的训诫。所以，你大可不必对此抱有敬畏之心。你只需要鼓起勇气，将自己的真实想法表达出来就可以了。这不是很容易吗？

想要激发自己的勇气，你首先要克服心理上的恐惧。

事实证明，不是只有你才会怯场。据统计，在选修演讲课程的大学生中，大部分都受到过怯场的折磨。而对于我来说，参加我课程的成年人，怯场的概率大概达到了百分之百！另外，我可以很高兴地告诉你：怯场对人的健康有益！当你发现自己心跳加速时，你并不需要担心。这说明你的身体对于外界的刺激很敏感！如果你能够很好地适应它，你就会发现自己的思维更加敏捷，表达更加流畅。你会在不知不觉中提高自己的表现力，而这全都是压力带来的结果。

可能你会说："在我看来，很多演讲家并没有什么压力啊！"我想这是因为你没有对他们的心理做彻底的调查。据我所知，许多职业的演讲家从未彻底地消除过怯场的心理。他们常常在演讲开始的几分钟内一直处于怯场的状态中。既然他们都会怯场，你为什么还要为此而感到羞愧呢？不要怕怯场带来的思维混乱与吐字不清，不要为演讲的不良效果而感到压抑。这些现象在初学者身上比比皆是，只有努力去控制情绪，你就会得到心灵上的平静。

那么，如何能够真正地解决怯场问题呢？我建议你在演讲前做充分的准备。或许你觉得这没有什么好说的，你大概认为写一份好的演讲稿，再将它完整背诵下来就可以了。可是，我想告诉你的是：这是演讲中的大忌，可以说它是隐藏在演讲中的一个最深的误区。如果你养成了这样的习惯，我敢保证你一直会受到演讲稿的束缚。

花费大量的精力在背诵稿子上，演讲的效果往往会适得其反。正常来说，我们的讲话应该通俗易懂，而不是用华丽的辞藻堆砌。如果我们能够保证思维清晰，那么我们的讲话就会像呼吸一样自然。那种机械式的背诵，既不能将我们的情感全部表达出来，也不能给听众留下深刻的印象。

林肯曾说："我喜欢神父在布道时打出的手势，它就像是在驱赶源源不断的蜜蜂！"他的意思是希望演讲者改变千篇一律的风格，演讲时要充满激情。然而，如果一个人在背诵演讲稿，他的手势又怎么能像驱赶蜜蜂那样丰富呢？所以，请不要把时间耗费在背稿子上了！那么，有什么办法能够让我们饱含深情地去演讲呢？查尔斯·布朗博士告诉我们："要对你演讲的主题深思熟虑，然后做一个提纲。你会发现自己的脑子很轻易地把纸片上似乎毫不相干的语句融合到一起。"这样是不是容易多了？

当你把握了自己所要演讲内容的脉络，你就可以去找自己的朋友彩排一下了。这个方法简单可行，你只要将自己所要讲的稿子稍做变通，让它看起来更符合朋友的口味就可以了。他会很高兴地听你在那里讲故事，而你也得到了锻炼的机会！怎么样？看了上面的内容，你知道自己应该怎么做了吧？只要你认真领悟，勇气可以一点一滴累积。最后，你会在听众面前自然而然地表现自己，再也不会胆怯了！

## 二、树立必胜的信念

拥有必胜的信念将让你在社交中如鱼得水，它将带给你良好的人缘、融洽的交际环境以及更高的地位。作为一个即将向大家展示自己演讲才能的人，谁不渴望充满信心地走上台去，看着下面被自己深深吸引的听众，将他们的思绪牢牢控制在自己的手中，然后在雷鸣般的掌声中退场。这种感觉如梦如幻，它实在是太难以形容了。

威廉·詹姆斯是哈佛大学最优秀的心理学教授之一，他说过的话对无数人产生了正面的影响。让我们看看他都告诉了我们什么：

无论做什么事，信念都是最重要的。如果你对既定的结果有着强烈的信念，那么你就会如愿以偿。当你想要变得优秀的时候，你就会变得出类拔萃；当你想变得富有的时候，你就会赚来很多的钱；当你希望自己能多学点知识的时候，你就能变成才华横溢的学者。信念可以促使你脚踏实地地面对理想，可以让你专心致志地把精力用在相关的事情上！

想知道我对演讲的信念是什么吗？在我的办公桌上放着一张卡片，那上面的一句话是我每天都要看一遍的。每当我读到它的时候，我都觉得受益匪浅。它是这样说的："学会让别人迅速了解你的想法和心情，学会向个人、团队以及大众有条不紊地表达自己的思想和见解。在经过不断的努力尝试之后，最终你会给别人留下非常深刻的印象！"

这就是我的信念，我每天用它来指导我的生活。我感到精神越来越振奋，身体越来越好，没有什么可以替代它所带给我的快乐。记住威廉的那句话吧："如果你对既定的结果有着强烈的信念，那么你就会如愿以偿！"

## 三、争取实践的机会

演讲的机会有很多，你可以参加各种社团去发表即兴演说，你也可以志愿去为政府做发言人，你还可以去提出一项新的举措，或者干脆去做家教。你可以起身看看四周，几乎所有政治的、商业的、社会的甚至是家庭的纠纷都为你留下了发挥才能的机会。那么，请站起身来，大声说出你的观点吧！想要知道自己有多少潜力可以挖掘，那就大胆地去尝试吧！

演讲作为现代社会交往的必要手段已经逐步得到了大部分人的重视，如果你还在彷徨，请不要放弃让自己掌握这项能力的机会。按照我上面所说的基本技巧去练习，你终会在人们面前展示自己的魅力！

第五章

让人看重你的技巧

在成长过程中，你早晚都会发现：羡慕就是无知的表现，模仿毫无意义。无论怎样，你必须保持本色。无论外界的条件多么吸引人，你只能做好你自己。除了你之外，没人知道你能做成什么。所以，如果你想得到更好的发展，请一定保持自我本色。

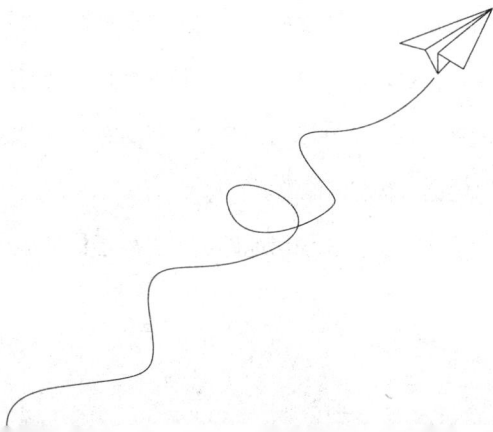

# 给他人留面子

顾全他人的面子是一个人善良的体现，
然而，在现实生活中，我们很少会顾及别人的感受。
我们肆意攻击他人的名誉，可是自己却浑然不知。

很多年前，美国通用电气公司遇到了一件棘手的事情，他们需要将一个叫查尔斯·斯坦梅茨的部长撤职。要说在电学方面的知识，斯坦梅茨是一流的。遗憾的是，他却担任了审计部的部长。

公司出于怜惜人才，所以不想得罪他。他在公司的研发方面是一个不可多得的人才，同时他对自身的地位也非常敏感。后来，公司想了一个办法，他们另外为斯坦梅茨安排了一个职位，让他做公司的最高咨询工程师，还举行了隆重的仪式。

实际情况是这个新职位所负责的工作正是他一直做的，所以他也没有什么不满，相反，他还对新的称呼感到高兴。公司的高层也感到非常满意，他们终于将这个喜怒无常的明星调动起来，他们给斯坦梅茨留了面子，所以他也没有制造混乱。

给人留面子很重要，确切地说是相当重要！可是，又有多少人曾经停下来想过这个问题？我们践踏别人的情感，义无反顾地去纠错、去威胁他们，当着第三者的面批评他们，从来没有想过会对他们的自尊心造成多大的伤害！

其实，我们只要说出一两句暖人心田的话，真心去倾听他人的意见，这将减轻他们内心的伤痛！让我们牢记那些被解雇者以及处理他们申述时的不愉快吧！只有这样，我们才会明白妥善处理这类问题是多么重要！

格雷琴是一位公共会计师，他在给我的一封信中提到：

我们公司的业务受季节因素影响很大，因此，每当我将一些人的工资结算完毕，就不得不让他们走人了。在我们行业内流行着这样一句话：快刀斩乱麻！结果，一种习惯形成了——对付这样的事越快解决越好！我经常这样说："史密斯先生，请坐！这个季节已经结束了，我们无法再为你分配工作了。当然，你也知道，我们只是在旺季才会雇佣你……"

解雇别人没有什么乐趣，被解雇的人会感到失望，会有一种被人抛弃的感觉。他们中的大部分人都是在会计行业中谋生的，但是他们绝对不会对这些让他们突然失业的公司产生任何留恋。

我要想个办法让他们更自然地离开公司，而不会有怨恨。于是，在我准备辞退他们的时候，我先看看他们的工作业绩。

　　当他们被我一一叫进来的时候，我会这样对他说："史密斯先生，你的业绩非常出色。（事实上，我倒真希望他做得很好！）上次，我将你派往尼瓦克处理那个难题时，你表现得真不错，公司为你的业绩感到骄傲。你是一个人才，无论今后在哪儿工作，都有很长的路要走。公司相信你，以你为荣，请你牢记这些！"

　　效果如何呢？当他们被辞退的时候，感觉要好多了，他们不会再有被甩的感觉，他们会想：如果我们以后忙不过来的话，一定会再次雇用他们的。当我再次雇用他们的时候，他们往往表现得很热情。

　　事情就是这么奇妙，给他人留面子才是你人性光辉的体现。

# 间接指出他人的错误

/

间接指出别人的错误，完全可以避免很多争执。

这能使听者感动，让他们自觉地去纠正自己的错误。

/

　　一天，司华伯来到他的钢铁厂，碰巧看到几个工人在吸烟。而他们的头上就竖着一块牌子，上面写着"禁止吸烟"四个大字。司华伯走到这几个工人面前，给他们每人分了一根香烟，然后说："孩子们，如果你们可以到工厂外面去抽的话，我会感到非常高兴！"工人们听出了弦外之音，他们知道自己犯错误了。可是他们没有怨恨司华伯，相反，他们还很钦佩他。因为他不仅没有斥责他们，反而给了他们"礼品"，这使得他们感到很满足，这样的老板你能不喜欢吗？

　　沃纳梅克是一个工作狂，他每天都会去自己的百货公司巡视一圈。有一次，当他走进大门的时候，发现有一个顾客在柜台前选东西，可是没有一个店员去招呼她。店员们当时都在一旁谈笑着，完全没有注意到他的到来。他悄悄地走到柜台后，主动当起了这位顾客的向导，帮她挑选喜欢的商品。当他把顾客准备买的商品交给那些店员打包的时候，他们都羞愧极了。但是，即使是这样，沃纳梅克也没有去责怪他们，只是对他们说："都累了吧，休息一下也是好的，我相信你们休息过后就知道自己该做什么了，对吗？"然后，他轻松地离开了商店，留给店员无尽的感动。

上面两个例子告诉我们，当我们必须批评别人的时候，不必直接指出他们的错误。间接迂回地指出他们的错误，往往会有更好的结果。这样不会招致怨恨，同时又会让他们明白你的意思。你为他们保全了面子，他们当然愿意信服你、尊重你。

也许你会想：这很简单。当我们需要去批评别人的时候，就以真诚的赞美开始，然后用转折的语言加以过渡，最后提出批评不就可以了吗？这是否有效呢？让我们举个例子吧！

当我们想要去纠正孩子在学习上粗心的毛病时，我们可能会这样说："鲍勃，对于你这学期的出色表现，我和你妈妈真为你感到骄傲！但是，如果你能在数学上多付出一些努力的话，我相信你的期末成绩会更好！"我们来分析一下，当孩子听到这段话的时候会有什么样的反应。真实情况很可能是在你说"但是"之前，他会觉得很受鼓励。可是，当他听到"但是"后面的话，就会产生怀疑。难道爸爸妈妈为我自豪是托词吗？他们真正的目的一定是批评我在计算上的马虎粗心。这样一来，我们说的话将大打折扣，又怎么能让孩子改变学习态度呢？那么，我们如何说才能达到目的呢？其实很简单，把"但是"换成"而且"就可以了，过渡的话完全是多余的。你可以这样说："鲍勃，对于你在本学期取得的良好成绩，爸爸妈妈为你自豪。而且，我想如果你能保持住这种态度，你下学期的数学成绩也将名列前茅。"

这样，鲍勃就会接受称赞，再也不会胡乱猜想了。我们间接地让他转移了注意力，而他所注意的正是我们想要的结果——他会朝向我们期望的目标努力！

间接指出别人的错误，完全可以避免很多争执。这能让听者感动，让他们自觉地去纠正自己的错误。而你只需要去等待，他们自然就将你的期望落实到实际行动中。这就是间接指出别人错误的巨大作用，如果你一定要去批评别人，请使用这种办法。

# 用称赞鼓励成功

/
称赞不是奉承，也不是谄媚。
只有你真心地去使用它，
它才会为你创造出新的生活方式以及和谐的人际关系。
/

皮特是我的一个老朋友，他随马戏团巡游世界，做驯兽表演，他在团中负责训练狗和马。我最喜欢看他训练新加入的狗时的场景，我注意到每当狗学会了一个新的动作时，他都会拍着它的头称赞它，给它肉吃，还会和它嬉闹一番。

这也不是什么稀奇事了，驯兽师几个世纪以来一直用这种方法。

我想，为什么我们就不能尝试用相同的办法去改变其他人呢？为什么我们不用鼓励来代替鞭打呢？为什么我们不用称赞去代替谴责呢？让我们称赞那些微小的进步吧，那将鼓舞他人不断取得进步！

莱尔是一位心理学家，他在《孩子，我一无所有，但是我尽力了》一书中这样评论：称赞就像阳光一样，没有它，我们无法成长，无法成熟。但是现在，我们大多数人都将精力用在了去接受别人的批评上，而对于我们亲密的伙伴，我们很少给予他们阳光般的赞许。

我常常回顾生命历程，寻找到那些改变我未来的只言片语的称赞。你是否也可以做到这一点呢？历史总是由那些如奇迹般震撼人心的例子组成。

很多年前，一个10岁的孩子在那不勒斯的一家工厂打工。他希望成为一个歌唱家，但是他的指导教师却说："你根本没有唱歌的能力，你的声音就像是风经过百叶窗发出来的一样，都是噪声！"

但是，孩子那个穷苦的乡下妈妈搂着他，称赞他，认为他可以唱下去，因为她看到孩子在进步。她为了让孩子去上音乐课，甚至赤着脚为他省钱。妈妈的称赞和鼓励改变了孩子的命运。那个男孩的名字叫恩里科·卡罗素，成了那个时代最著名的也是最有实力的歌剧演唱家。

在19世纪早期，英国有个年轻人立志要成为一名作家，但却一直碰壁。有四年的时间，他都不能如愿地去学校学习。他的父亲由于不能偿还债务，最后被捕入狱。他经常忍饥挨饿，但幸运的是，后来他找到一份工作。白天他负责在一个到处可以看到老鼠的仓库里为货物贴标签，而晚上，他和另外两名英国贫民区来的男孩子住在阴暗的阁楼里面。

他写了很多的稿子，但是他对自己的作品没有信心。所以，每当他想去投稿的时候，都要等到深夜，因为那个时候街上没有人，他就不会遭到别人的嘲笑。可是结果却是一样的，他的稿子被一份份退回来了。直到有一天，他的稿子终于被采用了。即使没有得到任何报酬，他仍然十分高兴，因为编辑给了他很高的赞赏。他漫步在大街上，泪水早已滑过脸庞。

一篇精彩的文章让他得到了久违的赞许，而正是这番赞许使得他的一生为之改变。如果没有这份鼓励，他可能在到处是老鼠的仓库里度过一生。你可能听过这个男孩的名字，他就是著名的查尔斯·狄更斯。

还有一个男孩在一家纺织店干活，他每天早上5点起床干活，晚上8点钟下班休息。小男孩非常讨厌这份工作，两年后，他觉得自己无法忍受下去了。一天早上起床后，他连饭都没有吃，一口气走过了7.5公里山路，找到他那做保姆的母亲谈论现在的处境。

他几乎要发疯了，痛哭流涕地向她恳求。他对母亲发誓说如果自己继续干这份工作，他将会自杀。然后，他给以前的老校长写了一封长信，他在信中说自己实在是太伤心了，不想活下去了。老校长给他写了一封回信，称赞他是一个非常聪明的孩子，他是一个向往美好事物的人，同时答应给他提供一份工作，让他做老师。

这番称赞改变了这个孩子的未来，这个孩子日后为英国文学界写下了浓墨重彩的一笔。就是这番称赞让他在以后的日子里写下了无数的畅销书，他也赚了数百万美元。你可能也听过这个人的名字，他就是H.G.威尔斯。

用赞赏代替批评是史金纳课程的基本观点。这个伟大的心理学家用人类和动物的实验来证实了一个道理：当谈话的重点为赞扬而不是批评的时候，人们会去做更多的好事；当人们不去关注那些坏事时，那些坏事的数量也会减少。

来自洛杉矶的约翰·林杰波夫以前常常用吼叫来与孩子交流，结果使他们之间的关系变得更加糟糕了，后来，他决定用一些在课堂上学到的知识去解决这一问题。下面就是他对我说的：

我决定用称赞去代替指责，但是这确实很难。我眼中的他们浑身是病，很难找出什么优点让我愿意去夸奖一下。可是，我已经深知指责带来的只能是双方的痛苦。所以，我必须要彻底摒弃这种原始的教育孩子的手段。

我尝试去找出一些小事，例如：夸奖他们没有很晚回家，夸奖他们看电视的时候没有将声音调得很大。虽然这些并不是特别值得夸奖，但是我做了，而且成效明显。他们渐渐地不再做那些让人厌烦的举动了。不久之后，他们变得非常乖，这真是太难以置信了，我再也不用为他们的成长犯愁了。

从这里我们可以看出，这就是对孩子微小的进步进行称赞的结果，称赞远比责备来得有效。

罗勃在加州开了一家印刷厂。这家印刷厂因为能够提供高质量的印刷服务而闻名。最近，他们新雇用了一名工人，可是这个人的适应能力不强，常常无法高效地完成任务。这样，他常常影响到其他工作的进程，部门经理对他很不满，想要解雇他。

当罗勃先生知道这件事情之后，他亲自来到工厂，找到这个工人谈了一次话。他告诉这个年轻人，客户对他刚刚经手的这批货感到满意。他还指出这批货是他在公司工作这么多年，看到的最好的成品。他指出他有很多优点，同时点明了他对公司的重要性。你说这能不刺激他的工作积极性吗？不久之后，情况大大改观了，他成了工厂的明星员工。他对同事说罗勃先生喜欢他的成品。不过，他知道自己真实的水平。那天之后，他变得更加踏实肯干了。

让我们想想，罗勃不只是对这名工人大加赞赏地说："你很有能力！"他还特别强调了这名工人在业绩方面是多么的突出。因为他指出了这名工人的特殊成就，而不是简单地对他进行了嘉奖，他的赞扬对于任何一个听到这样话的人都是很有意义的。人人都喜欢听到表扬，但是只有在这番表扬言之有物的时候才会显得更加真诚，否则也只是让人一时感到心情愉快而已。

请记住，人人都希望得到赞扬和赏识，我们也会竭尽全力去争取这些荣誉。但是没有人希望它们是虚伪的奉承。

让我再来强调一下，这本书上所介绍的所有技巧都必须在真心实意的情况下使用。我不是在鼓吹谎言和欺骗，我是在介绍一种新的生活理念，一种改变别人的方法。如果你认为自己所接触到的人拥有潜在的天赋，那么你所做的就不只是在改变他们了，而是在彻底地改造他们。

这很夸张吗？听听美国最著名的心理学家詹姆斯是如何说的吧！

"相比于我们的本来面目，现在人类也只能说是半醒状态而已。我们仅仅利用了身体和精神上很小的一部分。换句话说，我们与自己的极限状态相距甚远。我们拥有很多潜在的能力，但是我们已经习惯于不去使用它们。"

是的，很多时候我们没能激发出这些能力。而它们之中比较重要的一项就是去赞美他人，鼓励他们激发潜能。才华会在批评中萎缩，在赞扬中绽放。如果你想让别人变得出类拔萃，请不要忘记去真心赞扬别人微小的进步。

# 给他一个美名去珍惜

人人都渴望自己得到别人的重视，对待来之不易的赞誉，他们往往会更加珍惜。
不管他是明星富翁，还是地痞乞丐，都愿意尽全力去维护自己的名誉，
这其实是人类的一种天性。

　　一个曾经非常出色的工人，现在对工作不再专注了，这时候你会怎么对待他呢？当然，你可以选择解雇他，但是这确实不能解决什么问题。你也可以去斥责他，但是这往往只会引起他对你的仇恨。

　　亨克是一家重型卡车代理公司的售后部经理，他手下有很多负责修理返修机器的技工。其中有一名技工最近的工作状态不佳，他的表现总是不能让人很满意。为了给客户提供更好的服务，他决定对这名技工做点什么。他没有对这名技工高声训斥，相反，他将这名技工叫进办公室，和他进行了一次倾心交谈。

　　亨克说："卡尔，你是一名优秀的技工。多年来，你一直奋斗在第一线上，用高超的技术修理好无数的车辆，赢得了顾客的满意。事实上，我曾对你过去优秀的表现提出了无数赞扬。然而，最近你完成工作的时间逐渐增加了，这和你过去的表现完全是两个样子。你曾是一个优

秀的技工，我认为你最近可能是遇到了什么麻烦，或许我们可以找个办法解决这个问题！"卡尔回答说，他并没有意识到工作上的问题，任务也没有超出自己的能力范围，他会尽快提高自己的工作效率。

他会那样做吗？毫无疑问，他确实那么做了，他再次成了一名高效的技工。亨克真是太厉害了，他给了卡尔一个好的名誉，这使得卡尔除了回到岗位上像从前那样工作外，别无选择。因为只有这样，他才能保证自己的名誉不受他人践踏。

鲍尔文机车厂主席森华艾曾说："如果你对他人的能力报以真诚的赞赏，大部分人听过后都会很乐意去受你领导。"

如果你想在某个方面去改变某人时，你就要表现得好像那个特征已经是他的突出特点了。莎士比亚曾说："如果你想要具备某种美德，你就要像已经有了这种美德那样去约束自己！"我们可以总结出：如果你想让别人有什么样的特点，你就勇敢地去赋予他名誉吧！给别人一个好名声让他去珍惜，他也会回报你一个超出想象的成绩。

雷布里特在她的《我和梅特林克在一起的生活》一书中描述了一个地位低下的比利时灰姑娘的惊人转变：一个女佣从隔壁的饭店给我送来了食物，因为她最开始的工作就是在厨房刷碗，所以人们都叫她"刷碗女玛丽"。她有着一对斜眼、两条罗圈腿、一具瘦弱不堪的躯体，还有一个毫无知识储备的大脑，简直就是一个怪人。一天，当她给我送来一盘通心粉的时候，我坦诚地对她说："玛丽，你真不知道你身上隐藏着多少财富吗？"出于抑制情感的习惯，玛丽迟疑了一会儿，不敢冒险做出一点表示，生怕招来什么祸端。她将盘子放到桌子上，叹了口气，坦白地说："夫人，我从没那么想过。"她对我的话甚至没有去怀疑，也没有再问什么问题。她只是回到厨房，口中不停地重复着我刚刚说过的话。这就是信念的力量，而给予她信念的这句话绝对不是我的玩笑话。

从那天开始，她确实开始认真思考这句话了。但是最令人称奇的变化来自她本身，她相信自己就是奇迹。她开始修饰自己的容貌和身体，慢慢地，她那枯萎的生命之花也变得娇艳起来，她变得越来越优雅和迷人。两个月后，她宣布了自己将要结婚的消息。她万分激动地对我说："我就要嫁人了！"真没想到，一个小小的称赞竟然改变了玛丽的一生！正是因为雷布里特对"刷碗女玛丽"表示了赞美之情，她才对这句从未有过的赞美牢记于心，并为之努力改变自己。给他人一份美誉往往会让他们更加珍惜我们所说的，不管那是不是真话，他们总会希望自己能够完全符合我们的描述，并为之奋斗。

菲茨赫先生是一位牙医，他居住在爱尔兰的都柏林市。一天早上，有位患者指责桌子上漱口用的金属杯子不够干净，而那个杯子是他过去来诊所时经常使用的，这使得他非常震惊。当然，病人刚刚使用的是取自纸杯的液体，而不是取自金属杯的。但是，在他的诊室里出现不干净的设备，这确实显得不够专业。当病人走后，菲茨赫走回他的办公室，给每周前来打扫的女佣布丽奇特写了一个便签。

亲爱的布丽奇特：

我很少见到你，我想我应该对你杰出的清洁工作表示感谢。顺便说一句，我觉得每周两次的劳动量实在是有些少，如果你有多余时间的话，我希望你每次来能多花半个小时去擦一下金属杯和类似的物品。这类物品可能不是经常使用的，但是如果你能多去关照它们，我一定会为你多花费的时间付账。当然，这也只是我的一个小小的提议，你不要受拘束！

第二天，当菲茨赫走进办公室的时候，他发现自己的桌子被擦得就像是磨光的镜子，他的椅子也是一样，好像坐上去就会滑下来一样。当他走进治疗室的时候，他一眼就看见了干干净净的镀铬杯子整齐地放进了专用橱窗。

菲茨赫就是这样，赋予了他的用人一个美誉，也正因为如此，她比以前做得更好，以此来证明自己不是徒有虚名的。到底她能花多少额外的时间去做这件事呢？其实根本就没有多少吧！

有一句老话："要是给人起了个坏名字，你还不如吊死他算了！"但是你要是给他起了一个漂亮名字，结果会是什么样呢？

霍普金斯小姐是纽约市一位四年级的班主任，当她这学期第一天站在讲台上读学生花名册的时候，她感到既兴奋又快乐，可是当她读到最后一个名字的时候，脸上浮现出了淡淡的忧虑。在这一学年，她的班级将会出现汤米这个学生，他是全校出了名的"坏男孩"。他的三年级班主任曾不停地向同事、校长以及任何他所能接触到的人提起汤米。汤米不仅仅是淘气，还经常触犯校规。汤米喜欢恶作剧，还经常和男孩子打架，戏弄女孩子和其他老师更是家常便饭。种种迹象似乎表明，当汤米长大后，事情会变得更加糟糕！他唯一的优点就是善于学习，可以轻松地掌握学校课程。

霍普金斯小姐决定马上面对这个"问题男孩"。当她举行欢迎仪式的时候，她对每个新同学都做了一点描述。例如，"罗斯，我听说你画画非常出色！"当她来到汤米面前的时候，她温和地看着他，轻轻地说："汤米，我相信你是一个天生的领导者。今年，我想要依靠你来让这个班级成为四年级中最好的班级。"在最开始的几天，她一直在班级里强调汤米的重要性。不久以后，汤米在任何事上都要证明自己是最棒的，他们班也成了全校都羡慕的班级。

看到了吗？即使是小孩子也会为自己的名誉而改变，何况是大人呢？想要做一个成熟的领导者，请不要忘记适当地给别人一个美名，这样你才会很容易地改变他们的态度或行为。

# 让困难看起来容易克服

/
鼓励对于一个需要帮助的人来说是再好不过的了，
你可以告诉他，他所面临的难题其实是很容易解决的，
要让他了解你对他的信心与期望，让他在奋斗中实现自己的梦想。
/

我有一个40岁的单身汉朋友，他就要结婚了。在婚礼开始前的几个星期，他的未婚妻希望他能够上几节舞蹈课，学点交际舞之类的，好在婚礼的舞会上表现一下。

他对我坦言："就连上帝都知道我需要去上舞蹈课，因为我现在的舞姿和20年前几乎一样，我完全是个门外汉。"

他的第一个舞蹈教师看了他的舞步之后，对他说了实话："你的舞步完全不对，你必须设法忘记你在这方面所掌握的一切，重新开始学习。"这句话影响了他学习的热情，他感觉自己没有动力再继续下去了，他离开了这位舞蹈教师的教室，不想再跟她学习了。

他又找了一个老师，说道："第二个老师可能对我撒谎了，她若无其事地说我的舞步只是有一点过时，但是基本动作还是很优美的。她向我保证能够教会我新的舞步，我不会感到有任何困难。"他接着又激动

地说："那个老师说我天生就有节奏感，说我生来就应该是一个舞者。我的直觉告诉我，其实我毫无价值，但是，在我的内心深处仍然渴望她说的是实话。可能是因为我付了学费，她才那样说的，但是她那样说却引起了我对舞蹈的极大兴趣。不可否认的是，在她说我有天赋之后，我的舞蹈水平真的有了些许提高。是她的鼓励给了我希望，是她的鼓励给了我想要改变自我的勇气。"

这就是两个老师的区别，第一个老师在强调他的错误的时候打击了他的积极性，而第二个老师则恰恰相反，她不停地鼓励他，赞扬他的优点，忽略他的缺点，这才让他在舞蹈上有了进步，让他在婚礼当天更好地表现自己。

假如你对自己的孩子、妻子或是员工说他们很蠢，或是说他们在某一件事上显得很笨拙，根本没有天赋去做那件事，无论怎么做都是徒劳的，那么你的做法无异于消除了他们想要改变现状的所有动机。但是，如果你用了相反的技巧，没有偏见地去鼓励他们，让事情看起来很容易做到，让他们知道你对他们的能力有信心。那么，他们将会竭尽所能，让你看到他们可以成功的希望！

洛厄尔·托马斯是人际关系的艺术家，他经常用这个技巧与人交往。他会不断地给你信心，鼓励你去实现自己的理想和伟大的抱负。

有一次，我和他们夫妇共度周末。在星期六的晚饭后，他们邀请我在熊熊燃烧的火堆旁一起玩桥牌。天啊！这对我来说真是一个挑战。我从来都没有想过去玩它，我对它一窍不通。这个游戏对我来说简直就是个谜，我连声说"不"，一再推托着。

洛厄尔对我说："来吧！戴尔，这并不难！除了记住自己的牌，然后稍做判断就没别的了。你经常靠超常的记忆力来写文章，桥牌的技巧对你来说简直是太容易了，你会喜欢上它的！"

在我还没想好下一步该做什么的时候，就第一次坐到了桥牌桌前。这全是因为我听到他说我有天赋去玩牌，而且听起来好像桥牌真的很简单，我就迫不及待地要去尝试一下了。

说起桥牌，我想起卡波特森来了。他写的关于玩桥牌技巧的书已经被翻译成12种语言，这些书总计被售出超过100万本。然而，他曾告诉我，要不是一位女孩说他有玩桥牌的天赋，他不可能成为一个职业桥牌选手。当他1922年来到美国的时候，他想方设法寻找一个教哲学或是社会学的工作岗位，可是他没能做到。之后，他又尝试去经营咖啡店，也失败了。最后，他在百无聊赖中开始玩桥牌。可是，他做梦都没想到，将来他会成为一代大师。

他那时的桥牌技术真的不怎么样，而且他很固执，常常因为不听别人的劝告而输得一塌糊涂。在玩牌的过程中，他总是要问很多的问题，输了后还要唠唠叨叨做检讨，没人喜欢和他一同玩。后来，他遇到一个漂亮的桥牌老师，她的名字叫约瑟芬·狄龙。很快，他们坠入爱河，之后他们又结婚了。她发现自己的丈夫总是非常专注地分析手中的牌，她就鼓励他，说他就是一个天才，在桥牌竞技中一定会有所成就。就是这些鼓励，让固执的卡波特森走上了职业道路。如果说鼓励可以使别人产生创造力，让他们在陌生的领域创造奇迹，那么鼓励是否能让他人克服缺点，走上新的人生道路呢？

克拉伦斯·琼斯是我辅导班的一名教员，他曾在班上向大家讲述了自己的亲身经历。这就是他如何用鼓励使自己的儿子完全克服缺点，改变一生命运的故事。他站在讲台前，说道："1970年，我的儿子大卫刚刚15岁，那时他和我一同居住在辛辛那提。他的命运十分悲惨。1958年，他经历了一场车祸。车祸后，他的前额就留下了一条巨大的伤疤。1960年，我和他妈妈离婚。他被判给他妈妈，他们母子俩一直在得克萨斯州居住。在15岁之前，他一直待在慢班里，他的同班同学都是后进生。

"可能是因为他额头的伤疤，教务处的人都认为他是一个智障儿童，不可能进行正常的学习。那个时候他就连乘法口诀都不会背，就连加法也要用手指来辅助完成，至于读书更是一种奢求。

"只有一点是让人欣慰的，他喜欢摆弄收音机和电视机，他梦想自己成为一个电气工程师。我鼓励他为实现梦想而努力，我告诉他首先得把数学学好，才有资格成为一名电气工程师。我决定帮助他，让他慢慢精通这门课。

"我们准备了四种卡片：乘法、除法、加法、减法。每种卡片都对应着很多的数学问题，当他做对一道题的时候，我就将相应的题目从卡片上面去掉。如果做错了，我就告诉他正确的答案，卡片上的题目不动。每天我都领他做大量的习题，直到所有的题目都从卡片上面去掉，我们才休息。每天晚上我们都会对做题的速度进行检验，我答应他，只要在8分钟内准确无误地将所有题做出来，我们就不再进行这种训练了。这对大卫来说，就好像是永远无法解决的难题。第一天晚上，我们一共用了52分钟，之后，第二天是48分钟，再后来，45、44……我们为每一个小小的进步而欢呼雀跃，我们有时还会尖叫，一起做其他的游戏来庆祝。我告诉前妻，我们的孩子是多么棒，她还特意跑来看我们。我们激动地拥抱在一起，还愉快地跳起了快步舞。

　　"一个月后，大卫已经可以轻松地在8分钟内解决问题。每当他取得一个小进步的时候，他都会确认一下，重新做这些题。他突然惊奇地发现，原来学习是这么简单，而且充满乐趣。他的数学成绩有了突飞猛进的进步。这真是让人吃惊，当你学会了乘法后，你会认为数学其实很简单。而大卫在掌握了乘法技巧后，他在期末的数学考试中破天荒地拿到了'B'，这是我们从来都不敢奢望的。

　　"他的阅读能力也在迅速地提高，他甚至开始绘画了，难道他的天赋被激发出来了？在下一学年的时候，他的物理老师让他举办了一次小型的展览。他选择了一个颇有难度的复杂杠杆模型作为目标，结果取得成功。他向全校同学展示了自己的绘画天赋和手工技术，证明了自己在应用数学方面的能力。

"他这次的模型作品在学校的科技比赛中获得了一等奖，在辛辛那提市竞赛中获得第三名。他就是那个曾经被叫作'智障儿童'的不能通过二年级考试的人，他也是那个被同学们认为在车祸中把智商撞出脑子的'弗兰肯斯坦'。

"手工模型的获奖对他的影响很大，他发现自己完全可以把成绩追上去，任何事情都可以做好。结果呢？在八年级下半学期的升学考试中，他科科名列前茅。在高中的时候，他被选进国家荣誉社团。当他发现学习很简单的时候，他的整个生活都改变了。"

通过这个故事我们不难看出：鼓励是催人奋进的良药，鼓励是克服困难的指针，鼓励是你能对他人进行帮助的最有效的手段。

# 将不利因素化作成功因子

将不利因素化作成功因子，这是命运赋予我们每一个人最好的礼物。
它经常深藏于你的内心，
当你将这种天赋激发出来的时候，就是你改变逆境、重获新生的时候！

被称作"交响乐之王"的贝多芬在失聪之后，仍然创作了许多不朽的乐曲。可见，逆境往往会对我们产生意想不到的影响。

如何能够活得更加快乐，这常常是困扰很多人的难题之一。已故的西尔斯公司董事长罗山渥曾经做出了一个恰当的比喻：如果你口渴了，而你手中只有一个柠檬。那么你需要做的就是想方设法去把它做成柠檬水吧！

这就是一个成功人士面对挫折时的办法。当一个聪明人得到柠檬的时候，他会对自己说："从这件不幸的事情中，我可以学到什么呢？怎样才能尽快走出逆境，迅速将它变成一杯柠檬水喝下去？"而傻瓜采取的方法总是正好相反。如果命运给他的只是一个柠檬，他就会自暴自弃地说："我完了，我的命运如此糟糕，一点反抗的机会都没有！"然后，他就开始诅咒别人，让自己沉溺在自怜之中。

　　奥福瑞德·安德尔是一位伟大的心理学家，他花了一辈子的时间来研究人类的隐藏天赋。他认为人类最奇妙的能力就是"把负变正的力量"。

　　确实是这样的，很多人都能在逆境中奋起，实现人生价值。我就认识这样的一个女人，她的名字是艾玛·汤普森，她向我讲述了一段她的人生经历。

　　战争期间，我的丈夫驻守在加州莫哈韦沙漠里的一个陆军训练营。我为了能和他天天见面，也搬去了那里住。我真的十分讨厌那个地方，那里简直就是一个与世隔绝的地狱。有一段时间，我丈夫被派往沙漠深处执行任务，而我只能只身留在一间小小的破屋里，我真是郁闷极了。

　　那里真是太热了，即使是在大大的仙人掌阴影下，也足有50摄氏度。我能见到的只是墨西哥人和少数的印第安人，他们都不会说英语，没有人能和我聊聊天。我能感受到的还有风，它整天不停地吹着，吹得食物上都落满了沙子，空气中充斥着沙子的味道。放眼望去，到处都是沙子，我就要崩溃了。

　　我当时哭得一塌糊涂，我真的待不下去了。于是，我写信回家，告诉我的父母这里的情况，说我要回家，说我在这里的日子要比在监狱里待着还要痛苦。我的父亲很快给我回信，这封信只有一句话。可是，就是这句话让我的生命为之改观。直到现在，我仍将它珍藏于内心深处。

这句话就是："两个人从监狱里的铁窗往外看，一个人看到了烂泥，另外一个人看到了星星。"我把这句话念了一遍又一遍，我觉得自己非常惭愧。我下定决心，一定要在这个地方看到属于自己的星星。

我尝试去和那些当地人交流，他们的反应简直是让我太吃惊了。当我表示自己对他们所织的布匹和所做的陶器很有兴趣的时候，他们就把那些东西送给我了。要知道，那些东西是他们最喜爱的，也是游客给再多的钱他们都没有卖的。我还尝试着去欣赏仙人掌，不久之后，我发现自己已经深深地喜欢上它的姿态了。我还知道了鼹鼠的生活方式，学会了在日落后去寻找贝壳，因为学校的老师告诉我这里在300万年前曾是海洋。

是什么让我发生了这么大的改变呢？莫哈韦沙漠的环境丝毫没有变化，墨西哥人和印第安人也没有变化，可是我变了，我从内心改变了对生活的态度。在这种变化的促动下，我将这个令人厌烦的环境看成是我生命中最刺激的冒险。

这个崭新的世界让我痴狂，我非常兴奋地将这一切记录下来，写了一本叫作《光明的堡垒》的小说。现在，我面对这个自己设下的"监狱"已不再困惑，我已经可以从这里看到属于自己的星星了！

汤普森同时发现了公元前500年希腊人所信仰的真理：最好的那些都是最难得到的。

爱默生把这句话用不同的词语再次表达了出来：享受并不是最大的

快乐，最大的快乐来源于胜利！

不错，这种胜利意味着一种成就感，一种得意，它往往来自"把柠檬做成柠檬水"的想法。

我曾拜访过一个佛罗里达州的农场主，他生活得非常快乐，他甚至有能力将一个毒柠檬做成柠檬水。不过，在他最初买下那片农场的时候，他十分后悔。在那里，他既不能种水果也不能养猪，因为漫山遍野都是响尾蛇。

可是命运并没有让他轻易屈服，他想到了一个好主意，把这个不毛之地变成了自己的炼金厂。他是怎么做的呢？他利用了这些响尾蛇。他建了一个罐头厂，专门做蛇肉罐头。这真是让人吃惊，蛇肉罐头的销量相当不错。他每年还会接待相当多的参观者，人数将近2万人次。

他的生意越做越大。他养的响尾蛇浑身是宝——蛇毒被运往各大药厂去做抗毒血清，蛇皮被卖往皮革厂做鞋子和皮包，蛇肉罐头销往世界各地。他给自己带来经济利益的同时，也给村子带来了巨大变化。由于他的工厂影响如此之大，村子决定更名为响尾蛇村。

这难道不是在逆境中实现人生价值的佐证吗？像这样的人，在全国当中应该是不计其数的。我常年在各地旅行，我见过很多这样的人。他们都有一个共同的特点，那就是善于适应逆境，在逆境中寻求动力、取得成功！

已故的威廉·波利索曾写过一本名为《十二个以人力胜天的人》

的书，他在书中这样说："不要把你的收入拿来做资本，这不是生命中最重要的一件事。真正重要的是如何想办法从你的损失中去获得新的利益。傻瓜们往往不懂这一点，因为他们永远不会明白这需要多少才智才能做到。能否从困难中取得新的希望，是一个聪明人和一个傻瓜之间的重要区别。"

波利索写这段话的时候，刚刚在一次火车相撞事故中丢了一条腿。由此，我们看到了一个坚强而又充满智慧的人是如何看待挫折的。我还知道另外一个失去双腿的人，他也是一个让悲剧逆转的幸运儿。他的名字叫班·伏特，我是在佐治亚州大西洋城一家宾馆的电梯中认识他的。

当我踏进电梯的时候，我注意到他的两条腿都断了，他坐在轮椅上，靠在电梯的一角，但是看上去精神很好。当电梯停在他想去的那层楼时，他轻轻碰了我一下，然后微笑着对我说："真对不起，麻烦您让一下，我好出去。"当我回到房间后，心情总是无法平静下来，我一直想着这个面带微笑的孩子。于是，我去找他，请他说说他的故事。

他对我说："那是1929年的夏天，我砍了一大堆胡桃树的枝条，准备做菜园里豆角的支架。就在我回家的路上，一根枝条突然滑了下来，插进了引擎里。那个时候，碰巧我正在转弯。于是，车子不听使唤地冲出了路面，撞向了路边的大树。我的脊椎受伤，两条腿马上就不能动弹了。那一年我才24岁，从那以后我再也没有离开过轮椅。"

才24岁就不得不坐着轮椅生活！我问他是怎样接受这个事实的，

他说："一开始，我完全不能接受这个事实。我的心里充满着悔恨与难过，我无时无刻不在抱怨自己的命运。几年过去了，我的生活没有任何改变。残疾带给我的只是不断地去怨恨，不断地去嫉妒那些正常人的生活。后来，我渐渐发现大家对我都很友好，他们很有礼貌地帮助我或是跟我打招呼。所以，我想我至少能做到用同样礼貌的态度对待他们。"

我问他："经过了这么多年之后，你是否觉得那次意外是不幸的开始？"他马上回答我说："不，至少我现在已经不那么想了。我现在几乎要庆幸有那么一次遭遇，让我开始了一段新的人生。"他告诉我，当他克服了那些低劣的思想之后，他不再悔恨，开始生活在一个完全不同的世界里。他开始爱好读书，对于那些好的文学作品，他常常要读很多遍。在14年的时间里，他至少读了1400多本书，这些书拓展了他的眼界，使他的生活变得十分充实。他也开始聆听很多好的音乐，那些曾经让他觉得很吵闹的交响曲，现在能让他变得很振奋。

可是除了这些，他觉得自己最大的改变就是有时间去思考人生了。"有生以来第一次，"他说，"我得以认真审视这个世界，建立起新的价值观。我发现自己以往所追求的事情，其实很大一部分一点价值也没有。"

看书的另外一个结果就是他对政治产生了极大的兴趣。他开始研究社会问题，然后坐在轮椅上去发表演说。由此，他认识了很多社会名流，同时也将自己介绍给他们。今天，伏特仍然坐在轮椅上。但是他早已不是普通的农夫，他已经是佐治亚州的政府秘书长了。

看看吧！这就是一个残疾人所能做到的，身心健全的我们又有什么理由去逃避生活的挫折呢？我在过去的35年中，一直在纽约市开展成人教育课程。我发现很多人的最大遗憾就是从来没有上过大学。与此同时，我也发现还有相当多的一部分人连小学都没有毕业，仍然可以成为生活中的佼佼者。

史密斯就是这样的一个人，他出身贫寒，父亲很早过世，而母亲每天需要工作10个小时才能下班，她回到家后还要继续工作，直到半夜11点才能休息。他从来就没有穿过新衣服，没吃过一次自己想吃的饭菜。就是这样的一个男孩子，在参加教堂的一场戏剧演出后，突然发现表演让他很兴奋。于是，他决定去学习演讲，多年之后，他步入政界。等到他30岁的时候，已经是纽约州的议员了。1918年，他又被提名为民主党主席的候选人。

他曾亲口告诉我，家境的贫寒并没有让他向命运低头。在他刻苦钻研的那些年里，他每天的睡眠时间几乎不超过5个小时。正是那时候的积累，使得包括哈佛大学在内的多所大学对他这个还没有小学毕业的人颁发了名誉学位。

我越是研究这些成功人士的经历，就越深刻地感受到：他们之所以成功，大多是因为开始的时候，他们就经历了一些磨难。而正是因为这些磨难，促使他们更加努力地去摆脱困境，从而得到更多的回报。正如威廉·詹姆斯所说的："我们的缺陷对我们常有意外的帮助！"

可能，弥尔顿就是因为眼盲，才写出了更好的诗篇；贝多芬因为失聪，才创作了不朽的乐曲；海伦·凯勒之所以能有光辉的成就，也许是因为她每天遭受着黑暗与无声带来的痛苦；柴可夫斯基和托尔斯泰悲剧性的婚姻，才使得他们成为一代巨匠。

生命科学的创始人达尔文曾说："如果不曾遭遇磨难，我或许不会完成那么多的工作。"无独有偶，和他一天出生的林肯如果出生在贵族家庭，在哈佛大学法学院拿到学位，拥有幸福美满婚姻，他又怎么能在盖茨堡发表那篇举世闻名的演说。而正是那之后，他又说了一句举世闻名的话："不要对任何人抱有偏见，要对每个人都怀有真爱。"

历史上的很多名人都曾教育我们要理智地看待逆境。尼采对于超人的定义是：不仅要在必要的情况下去忍受一切，还要把这一切当成自己的最爱。爱默生在《明察一切》的书中说："斯堪的纳维亚半岛有一句俗语，我们都可以拿来勉励自己：'北风更有助于我们成长！'我们为什么会觉得舒适的生活会让我们变得更快乐呢？没有任何困难、一帆风顺的人生，真的能让我们变成好人吗？那些自怜的人会继续可怜他们自己，即使是舒舒服服地躺在毛皮大垫子上，他们也绝不会有所改变；而那些能够担负起自己使命的人，永远不会受限于生存的环境。无论他们来自何方，去向何处，他们的性格将带给他们真正的幸福。所以，我们再说一遍：'北风更有助于我们成长！'"

如果我们觉得自己没有动力去将"柠檬做成柠檬水"，那么，我至少可以告诉你两个需要尝试的理由：1. 你可能成功。2. 即使你不成功，你也要有"化负为正"的追求，要一直向前看！

所以，用积极的思想去指导你，能激发出你的创造力。这不仅不会让你无所事事，反而会让你生活充实，不再忧虑那些已成定局的事情。著名的小提琴家欧利·布尔曾说了一句相当有哲理的话："这就是生活！如果你的A弦断了，那就利用其他三根弦把曲子演奏完！"

如果你真的能够演奏完，我想这不仅仅是生活所要求的，那简直就是生命的奇迹！你想要得到平安与快乐吗？那么请记住："当命运交给你柠檬的时候，你要将它碾碎做成柠檬水！"将不利因素化为成功因子是你永不言败的资本！

# 接受不可避免的事实

面对不幸时，我们有三条道路可以选择：适应、反抗或是放弃。

适应会让你枯木逢春，而反抗和放弃只能让你越陷越深。

轻则伤心、无助，重则丧失心智、放弃生命！

对于必然发生的事情，我们要愉快地接受。就像杨柳遭受风雨的洗礼，清水倒入污浊的容器，有些事情既然无法避免，我们何不顺其自然呢？

我小的时候，有一次和朋友们在一间旧阁楼上玩。当我开心地从上面往下跳的时候，左手食指上面的戒指突然刮到了一颗钉子。瞬间，我的手指就被扯断了。等手术过去很久，我还忍不住偷偷为这只残疾的手落泪。我知道，自己本来可以躲过这场灾难的。但是，再说什么也无济于事了。

多少年过去了，现在的我很少去想这只只有四根手指的手。我时常想起的是阿姆斯特丹一家15世纪教堂废墟上的字："事情已经过去了，就不要再奢望它有所改变！"

在漫长的岁月中，我们一定会碰到许多令人不愉快的情况。如何面对它们，这完全取决于我们的态度。你可以将它们当作是一杯苦水，迅速地咽下去，再也不用为它烦恼；你也可以将它们摆在面前，无助地看着它们，任凭它们带来的忧虑毁掉自己的生活。

哲学家威廉·詹姆斯曾这样警示世人："要乐于承认既成事实，乐于坦然地接受它们。这样，你就走出了不幸的阴影，也就能克服它们所带来的任何困难。"

俄勒冈州的伊丽莎白·康利在经历两次与亲人生离死别之后，深深地理解到了这一点。

在庆祝美军在北非获胜的那天，我被军队告知侄子已经殉职。我的悲痛无以复加，那个侄子是我亲手带大的。我眼看着他成为一位杰出的小伙子，他的成长凝聚着我的心血。在我看来，他已经是无可挑剔的了，他热爱生活又富有责任感，常常还会帮助我料理家务。而如今，所有的一切都成了泡影，我觉得支撑我活下去的精神支柱瞬间毁灭了。

我根本无法接受这个事实，我决定放弃工作，离开家乡，到一个没有人能找得到的地方静静死去。就在我清理办公桌的时候，我突然看到一封很久以前的信。我把它拾起，原来它是在我母亲去世后，我的侄子寄来的。我傻傻地看着信的内容，一段话突然映入我的眼帘："当然，我们都会怀念她，尤其是您！不过，我知道您一定会挺过去的。我永远不会忘记那些您教给我的真理，永远都会记得您教我要微笑着面对事实，要像一个男子汉那样承受一切！"

我把那封信读了一遍又一遍，仿佛看到他轻轻地走到我身边对我说："为什么您会忘记了自己的原则？为什么不按照您教给我的那样去做呢？坚持下去，无论发生什么，要用微笑代替哭泣，要坚强地活下去！"

于是，我开始安慰自己："事情已经到了这个地步，虽然我没有能力去改变它，但是我能够像他所希望的那样继续活下去。"我开始写信给前线的士兵，给那些别人的孩子带去慰藉，告诉他们为人父母的心情！我还在晚上参加了成人教育班，找到新的兴趣，结识新的朋友。我不再为过去的那些事情悲伤，现在的生活变得更加充实了。

就是这样，想要让悲伤的事情对我们有积极的影响，我们就应该努力地去适应它，在悲伤中找到解决问题的方法，在痛苦中积累生活的经验。

已故的乔治五世在自己的书房张贴了这样一句话："不要为月亮而哭泣，也不要为任何事而后悔。"

人的内在力量是无比强大的，必要的时候，我们都能忍受悲痛或是灾难。某些时候，我们还会破茧成蝶，战胜苦难！只要我们相信自己的力量，我们就可以战胜一切困难。

布斯·塔金盾在活着的时候总是说："除了瞎眼，我什么都能承受！"然而，在他60岁的时候，命运愚弄了他。他的一只眼失明了，另外一只眼也开始视线模糊，他最害怕的事情终于发生了。

然而，他对此有什么反应呢？他自己也没有想到还能开心地生活。他甚至还幽默地说："黑斑老爷爷，这么好的天气，你怎么不出去溜达溜达呢？"

塔金盾完全失明后，他说："我从来没有想过自己可以承受视力丧失带来的巨大困难。要是我的其他器官功能也丧失了，我还是会好好活下去。"

为了恢复视力，塔金盾在一年内做了12次手术。他知道手术带给他的痛苦，但是他无法逃避，他能做的只是欣然接受这个事实。他拒绝住在特护室里，而是住进了普通的多人间。他努力让自己和医生们开心，他认为自己很幸运："多好啊！科技的高速发展已经能让我有机会重见光明了！"

一般人要是在一年内经历12次大型手术，并且整日过着黑暗的生活，他一定会精神失常的。可是塔金盾却完全忍受了下来，这件事让他知道：凡是生命带给他的，无论是什么，他都能够承受下来。

克莱斯勒公司的总经理凯勒先生说："如果我碰到很棘手的情况，只要想到解决办法的，我就会努力去做。否则，我就干脆忘了。我从来不为没有发生过的事情担心，因为没有人知道未来会发生什么。影响未来发展的因素太多了，何必为它们操心呢？"

古罗马的大哲学家也曾告诫族人："快乐之道不是别的，就是不去为力所不及的事情忧虑！"

莎拉·班哈特可谓是熟谙此道的女星了。50年来，她一直是五大洲最受欢迎的歌手之一。但是在她71岁的时候，医生告诉她必须把腿锯断才能延续生命。医生以为这个可怕的消息会让莎拉崩溃，可是莎拉看了看他，说："如果真的到了这个地步，也只能这样了！"当她被推入手术室的时候，她的儿子泣不成声。而她只是挥挥手，平和地说："不要走开，我马上就回来！"手术成功后，她继续周游世界，依然受到了观众的热烈欢迎。

没有人有足够的精力，既能抗拒事实，又能斩获成功。你只能选择一种，要么在暴风雨中弯下身子，要么站起身来被风卷走。

知道汽车为什么能在路上行驶那么久，忍受那么多的颠簸吗？起初，人们想创造一种轮胎，无论什么路面，它们都能碾平。结果，轮胎不久就被颠碎了。后来，人们用逆向思维造出了现代轮胎，它们能缓解各种压力，所以使用寿命也增加了。

如果我们能在人生多难的旅途上承受各种压力的话，我们就能活得更长久，享受更顺利的旅程。反之，如果我们用反抗的态度去面对人生挫折，我们将遭受更多的磨难，那将会带给我们更大的伤害。如果我们放弃了，不去面对人生挫折，退缩到一个自己编织的梦幻世界中，那么我们就离精神错乱不远了，也许我们还会付出失去生命的代价。

对于耶稣的死，西方世界无人不晓。然而，除了他的死亡，历史上最有名的就是苏格拉底之死了。柏拉图曾对这件事进行了详细的描写，我想即使是100万年以后，人们还会记得这个不朽的篇章。原文能带给我们很多震撼，而下面的这一段也足以让我们受益匪浅。

雅典的大地主们，对赤身裸体的苏格拉底又嫉妒又羡慕。他们挖空心思找出一些罪名，对他处以死刑。当那个善良的狱卒把毒酒交给苏格拉底时，对他说："对于必然发生的事，就放心地接受吧！"苏格拉底确实做到了这一点。他以非常平静而顺从的态度面对死亡，而拥有那种态度的人几乎可以算是圣人了。

"对于必然发生的事，就放心地接受吧！"这是一句来自公元前399年的话，但是当今这个世界更需要这句话来解脱绝望的人们。所以，当许多事情已经发生了的时候，你应该首先去试着接受它们；与此同时，摆脱痛苦与幻想的束缚，争取早日回归正常的生活方式。

# 如何对待不幸

/
当我们受到打击的时候，我们可能会感觉到苦难没有止境。
可是，无论如何我们都要一路走下去，
去履行我们人生的使命。
/

人生在世，总是会有突如其来的悲剧发生在我们身上。当不幸发生的时候，似乎整个世界都沉寂下来，毫无生机可言。然而，对于这些让我们心灰意冷的事情，我们最好勇于面对它们，接受它们。

不幸的遭遇并不是世界末日，有的时候，它还会促使我们挖掘出自身的潜力，使我们增长才干，用行动去解决更深层次的问题。

你曾到过美国西南部的沙漠地带吗？你可知道那里的沙尘暴常常会摧毁万亩良田，使无数的人流离失所？下面故事的主角是一个年仅21岁的年轻人，他就是在这样恶劣的环境下成长的。

这个男孩的命运十分悲惨，他从小就呼吸着带有浓重沙尘味道的空气。10岁的时候，他的父亲由于过度劳累而离开了人世，从此，家庭生活的重担就落在了他的肩上。虽然经过了10年与风暴和干旱的抗争，但是他父亲留下来的土地还是全部被沙漠侵吞了。

　　他的处境已经到了山穷水尽的地步，再也不可能有收成，再也不可能有什么东西用来充饥，他对着一望无际的沙漠一筹莫展。一天傍晚，正当他对着落满沙尘的屋门浮想联翩的时候，妹妹带着一个好朋友走了进来。她胆怯地对哥哥说："吉米，你可以给我10美分吗？我们两个已经好久没有吃过饼干了，她已经凑够了她所需要的钱。可是，我却一点儿也拿不出来。"

　　吉米无奈地望着她，久久说不出话来。他根本不知道自己兜里是否能拿出10美分来，也许1美分都没有，可是他根本无法躲避妹妹渴望的眼神。他用双手捂住了脸，使劲儿地蹭着。最后，他哽咽着对妹妹说："对不起！妹妹，我真的没有10美分。"

　　当天晚上，吉米久久不能入睡。他无法忘记妹妹脸上失望的表情，他无法忘记当时是多么无奈。他曾经历了无数的打击——双亲去世、被人解雇、沙尘暴的袭击……可是，唯有今天发生的事让他最难过。他居然拿不出10美分去满足亲妹妹的小小要求，这是一个爱她的哥哥应该做出来的事吗？

　　吉米想了很长时间，他为自己定下了新的目标——去做一名教师。他决定第二天一早就采取行动，不能再待在家里等待命运的宣判了。太阳终于升起，吉米为还没有睡醒的妹妹做好饭后，没有再多看一眼身后被风沙埋葬的土地，径直走出了家门。

　　他在镇上找到了一份收入极低的工作。就这样，他一边打工一边读借来的书。无论外面的天气有多么炎热，他依然忘我地工作，忘我地抓住每一个空闲的机会去学习。几年之后，他已经掌握了许多知识。他就到镇上的小学去应聘做了一名教员，他的不懈努力与对学生们的细心教导，赢得了所有家长的鼓励与支持。

就这样，他从一个沮丧颓废的孩子成长为一个对社会有益的热血青年。印度的克里士纳曾有过这样的教诲："幸福并不是平淡、安稳的生活，而是轰轰烈烈地与不幸抗争。" 莎士比亚在《哈姆雷特》的剧本中这样写道："要采取行动对抗困境。只有对抗，才能结束困境。"

是的，抗争可以让我们挖掘出深藏在人性深处的潜能，让它们迅速苏醒过来，去驱赶心中不幸的阴影。然而，摆脱不幸的阴影的方法不只是这一种。我们可以借助其他手段去忘掉不幸，帮助他人就是让自己重新获得快乐的有效途径。

我认识一位住在威斯康星州的太太，她的儿子在二战中驾驶飞机执行任务时殉职。这位母亲悲痛万分，但是她从来没有接受别人的怜悯。她化悲痛为力量，转而去帮助其他需要安慰的母亲。

她说："有些女人的孩子得了绝症或是精神失常，还有一些女人因为种种原因无法生育。她们无法面对事实，有的甚至不能生活自理。每当我想起她们的时候，我觉得自己还是很幸运的。毕竟我曾有过一个引以为豪的健康孩子，我与他共度了23个快乐的春秋。当我悲伤的时候，我会从脑子里面找到那些快乐的记忆来帮助我渡过难关。上帝既然给了我这样的命运，我就应该遵照他的旨意，将我的快乐无偿地奉献给那些需要它的人。"

她将自己的业余时间全部奉献给那些需要帮助的人们。这样，她就没有时间去想自己的不幸，也就可以过一个正常人的生活了。

人生的旅途从来都不是一帆风顺的。面对不幸，我们总不能像鸵鸟那样把头深埋在沙堆里面。解决问题的方法怎么可能是躲避现实呢？苦难是人类生活的一部分，不成熟的人往往羞于面对它，他们像孩子那样逃避没有胜算的现实。而成熟的人就不会那样，他会不断去尝试，创新，再尝试……如此循环，直到成功为止。

# 保持自我本色

/
保持本色不是一蹴而就的，
这需要你认真地去思考自己，
找出自己的特长并加以应用。
/

你在这个世界上是独一无二的。从过去到现在，以至未来，你都是一个和其他人不同的个体。没有人会和你拥有一样的经历！

遗传学告诉我们：你之所以有独特的个性，那是你父母的46条染色体相互作用的结果。阿伦·舒恩费说："在每一对染色体中，可能有几十个到几百个遗传基因。在某些情况下，每一个遗传基因都可以改变人的一生！"

不错，我们就是这样一些基因作用的结果。更有趣的是，如果你父母生下了一个孩子，那么你可能是那个孩子的概率只有三十亿分之一。想想看吧，既然你是那么幸运地来到了这个人世，而你的先天基因又是那么不同，你为什么不去保持自我本色呢？

我有一封来自依迪斯·阿雷德的信，她在信中告诉我她是如何用保持自我本色的方法去克服困难的：

我从小就因太胖而感到羞愧，我因害怕出丑而很少参加聚会，我也很少和其他的小孩子玩。有时我也会逃避体育课。我总觉得自己不讨人喜欢，所以从来没有快乐过。长大后，我好不容易嫁给了一个长我好几岁的男人，可是我的生活似乎没有什么变化。

我丈夫的家人都很热情，他们做事的时候充满了自信，这对我影响很大。我想要和他们过一样的生活，像他们一样快乐地生活。可是我做不到，我很难融入他们的生活。他们为了让我开心，总是乐意为我做任何事情，可是最后得到的结果往往是让我害怕地退缩到一个无人的角落。我开始变得紧张不安，我甚至开始逃避这个世界。可是更多的时候，我又不得不扮演着自己的角色。我假装开心，假装和他们友好相处，后来我终于忍受不了自己的虚伪，想自杀了。

就在这时，上天竟然给了我一个重生的机会。

一天晚饭后，婆婆开始谈论起一家人。她说："不管怎么样，我都会让他们保持本色。"听到这句话，我真是感慨万千。直到这时候，我才终于醒悟：这么多年来，我之所以那么苦恼，就是因为我一直在试着让自己接受一个并不属于我的生活方式。

那一夜，我失眠了。我开始试着探寻自己的个性，试着找到一个属于我的生活方式。我挖掘出自己的很多优点，然后以这些优点为基础去重新规划生活。我开始主动地去交朋友，去参加社团，去参加各种宴会。在这一系列的经历中，我从躲避到尝试，从窘迫到自然，没想到勇气的提升带给了我无数的快乐。现在的我已经是一个社区明星了，我也常常教育自己的孩子：无论如何，都要保持本色！

保持本色说起来容易，做起来却很难！不愿意保持本色的人，多半是因为心理上承受着巨大的负担。没有人比那些背离自己本性的人更痛苦了！因为他们把自己想成另外的人，想用另外的方式生活。而那对他们来说，简直就是奢侈，那是他们的身体所承受不来的。

这种想要做跟自己不同的人的想法，在好莱坞也十分常见。山姆·伍德是好莱坞最好的导演之一，他最头疼的就是无法轻易使年轻演员放弃模仿明星。他总是对他们说："停！你这一套观众已经受够了，他们要的是新鲜的东西！如果你们不能展现出真实的自我，那么你们永远是不入流的演员！"

最近，我问素凡石油公司的人事部经理保罗："前来求职的人常犯的最大错误是什么？"这位资深的人事经理告诉我："前来求职的人所犯的最大错误就是不能展现出自己真实的一面。他们不能与你坦诚相见，还自以为是地给了你许多貌似合理的回答。可是，这又有什么用呢？没有人喜欢雇用伪君子，就好像没有人愿意收假钞票一样！"

是啊！这句话说得太形象了。我们很多人面试时都觉得自己发挥良好，可是最后没有被选中聘用，原因大概也就在于此吧！

著名的遗传学家威廉·詹姆斯认为：人的一生只发展了10%的潜在

能力，人们只利用了体内很有限的一部分在维持生活。我们具有各种各样的能力，但是却习惯于不去利用。既然你拥有那么多的能力，又何必再浪费时间去考虑自己为什么不是另外一个样子呢？

其实，在认识到这一点之前，我也做了不少糗事。当我考上美国戏剧学院的时候，我脑子里冒出个想法。我自以为是地认为自己找到了一条成功的捷径，我还在想：为什么有那么多聪明的人没有想到这么简单而又近乎完美的主意呢？

这个想法是这样的：我要去学习一下知名的演员都是怎样演戏的，我要观察他们的优点，然后将它们综合起来为我所用，使自己成为一个集所有优点于一身的演员。现在想来，那时是多么愚蠢和幼稚！我居然浪费了那么长的时间去模仿别人，最后在经历了无数次的失败后才发现我一定要展现自我，我不可能变成任何一个人。

这次痛苦的经历，本应该给我深刻的教训。可是，我并没有因此而醒悟。几年之后，我开始写一本书。只可惜，我又回到了老路子上。我打算把其他作者的观点融入其中，让这本书包罗万象。于是，我去买了几十本相关的书，花了一年的时间将其中的精华部分引入我的文章中。可是，最后我再一次发现自己做了傻事：这种把别人的观念凑在一起写成的文章读起来非常别扭，就好像你看见了一件由补丁连接而成的裙子，感到非常可笑。

最后，我将这一年来的作品全部丢到了纸篓，重新开始。这一回，我对自己说："你一定要写出自己的风格，无论你会犯多少错误，无论你的能力多么有限，你也一定不要成为别人的影子。"后来我才知道，牛津大学的文学教授华特·洛里爵士早就说过这样的格言："我没有资格和莎士比亚相提并论，但是我可以写一本拥有独特风格的书！"

卓别林、威尔·罗吉斯、玛丽·麦克布莱德、金·奥特雷，以及其他许多名人也都有过类似的挣扎。他们在走向成功的道路上也不是一帆风顺的，也走了许多弯路。卓别林开始拍电影的时候，当时的导演都很喜欢德国一个喜剧演员的风格。于是，他们想让卓别林去模仿他来赚取名声。可是当卓别林创造出自己的一套表演方法后，他才开始成名，获得了观众的认可。

威尔·罗吉斯原来在马戏团里表演抛绳技术，他一直专心于自己的表演，从来没有想到在里面穿插点什么。后来，人们在日常生活中都夸奖他有逗乐子的天赋。他就开始把它引入到表演中，没想到很容易就调节了现场的气氛，他的名气陡然提高了。

金·奥特雷生于偏远的小乡村，当他来到纽约的时候，他极力想掩饰自己的家乡口音，他还买了名牌西装，让自己看起来像一个绅士。可是，他那土里土气的行为还是瞒不了大家的眼睛。后来，他开始弹奏吉他，演唱乡村歌曲。人们渐渐接受了他，他也成了最有传奇色彩的西部歌星。

这些人多少给了我们一些启示：既然我们来到了这个世界上，我们就应该尽其所能地利用那些与生俱来的天赋。无论你是谁都会找到属于自己的天空。你最好唱适合你自己嗓音的歌，最好画个性鲜明的画，最好回归自然，做一个本来的你。无论怎样，你都应该料理出自己的小花园；无论怎样，你都应该弹奏出自己的曲子。

在成长过程中，你早晚都会发现：羡慕就是无知的表现，模仿毫无意义。无论怎样，你必须保持本色。无论外界的条件多么吸引人，你只能做好你自己。除了你之外，没人知道你能做成什么。所以，如果你想更好地发展，请一定保持自我本色。

# 拥有坚定积极的信念

/
人的成功需要多方面的支持。
拥有健康的身体和充沛的精力是成功的必要因素，
然而坚定的信念却是凌驾于这两种因素之上的。
/

美国似乎早已成了人们赚钱的天堂！世界上有不计其数的人在想：只要拥有精力和健康，那么我在美国一定可以实现自己的目标！然而，这种想法是否是出于实际的呢？如果你身在美国，还拥有精力和健康，但是碰巧你失业在家，没有社会的救济，那么你是否依然相信这种"空谈"就是你成功的保证呢？恐怕成就伟业并不是那么简单吧！让我们看看雷纳·川家的人生起伏给我们带来了什么启示吧！

父亲拥有很大的产业，他对我十分溺爱。他老人家在世的时候，我似乎从来没有受到过缺钱的困扰。在我很小的时候，他就教会我如何用他的银行账号去开支票。所以，从出生到大学毕业，我除了花钱以外，从来没有考虑过钱是如何赚到手的！

父亲去世前给我留了一块价值10万美元的土地。在我经营半年后，大萧条时代就来临了。我不知道如何去管理这片土地，只好将它们变卖了出去。很快，我就变得一无所有！我整日躺在家中，抽掉数十盒的香烟去麻痹自己。我开始忧虑日后的生计，幻想着做点什么去维持生计。可是除了开支票以外，我再也没有精通的事情了。

一天晚上，我从噩梦中醒来。在梦中，我深深地意识到了自己的无助与落寞。于是，我痛下决心，一定要像个大人那样挺起胸膛，找份工作。我知道现在的情况并不乐观，工作的机会不多。可是，我觉得自己多少还是有一些长处：有一份大学文凭，掌握一些商业知识，更加重要的是我从失败中得到了许多教训。我完全了解自己的性格和能力，我必须要建立信心，将恐惧和疑惑赶出我的脑海。

我年轻、健康、充满活力，这是我重新振作的资本。我相信在这片国土上，一定有我的栖息之地。这是一个充满机会的圣地，只要有信心，踏实肯干，人人都可以捞到自己的一桶金！

就这样，这个信念不断地支撑着我前行。我忘记了疲惫，忘记了烦恼，忘记了曾有过的糜烂的生活。我与汗水为伍，与星辰做伴，我所做的一切都被叫作"踏实与肯干"。终于，我赎回了资产，重新建立了自己的事业。

雷纳认清自己的信念并为之付出努力的过程，正是一个人迈向成熟的最佳例子。经验告诉我们：我们必须对自己的未来抱有坚定的信念，然而只有信念没有行动，一切都是空想。失败并不可怕，可怕的是你有一颗胆怯的心。面对失败，如果你能坚定信念，百折不挠，那么成功还会远吗？

提起福特汽车公司，没有人不对其竖起大拇指。他们公司的产品远销海外，受到大众消费者的喜欢。它的创始人亨利·福特曾被尼克松这样称赞："福特是美国汽车工业的领袖，他所研制的汽车代表了美国汽车工业的最高水平，每个人都离不开他！"

受到总统的称赞，这可能是人一生中梦寐以求的一件事。可是，谁又会想到在这辉煌成绩的背后，他为此付出了多少辛勤的汗水呢？

1891年，福特带着自己的妻儿离开了父亲赠予他的土地，踏上了寻找自己人生价值的征程。他来到底特律市，在爱迪生照明公司找到了一份工作。从此，他白天在公司赚钱糊口，晚上回到家中的小仓库研制自己的第一辆汽车。

他节衣缩食，把省下来的每一分钱都用到研发汽车方面。直到1896年，他终于研制出第一辆汽车。可惜它的性能实在太差了，福特不能依靠它去赚钱，只能继续在照明公司工作。1899年，底特律汽车公司成立，他出任总工程师。虽然他们公司的生产能力很强，但可惜卖出去的汽车很少。那一年，他们只卖出了四辆汽车，最后公司倒闭了。连续的失败，并没有让福特丧失信心，他不断地摸索着改进自己的汽车性能。为了扩大自己的声誉，他多次带着自己研制的汽车去参加汽车大赛。还好，他研制的汽车终于得到了人们的肯定。于是，他成立了自己的汽车公司。由于他并不善于商业运作，他的汽车销量并不高，还一度被通用汽车公司收购。他对自己的妻子说："亲爱的，无论成功还是失败，每一次获得的经验对我们来说都是有益的。经验是可以不断累积下去的，这些经验一定会对我们以后的生活产生重要的影响。我们可以不断进步，赢得更好的生活。"

就这样，他靠着这种信念，成立了福特汽车公司，研制出了价格低廉的大众型汽车。最后，他建立的汽车公司不仅效益很好，而且对人类历史产生了巨大的推动作用。

福特的成功给了我们很大的启示：我们常常把信念当成是信条，它经常只是徘徊在我们的嘴边。信念本应该是一种指导原则，它就像是过滤网，过滤这个充满诱惑的世界；它也像是指南针，让我们更加明确地向着既定的目标前行，直到收获想要的人生。

斯图尔特·米尔曾经说过："一个有信念的人，所散发出来的力量，不低于99个仅存兴趣的人。"这就是为什么信念可以引导人们开启卓越之门。当我们坚定了自己的信念，那么信念就会不断地将信号传递给大脑。大脑借此搜索可以用到的一切资源，努力去利用它们，让信念化作行动。

是的，拥有坚定的信念不只是想想就可以，它必须有行动作为支撑。信念可以增加我们的勇气，使我们在接受磨炼的时候不会退缩。行动作为信念的载体，往往能够更好地激发一个人的潜力，让其走向成熟。

　　然而，也并不是所有的行动都能反映出一个人的积极信念。在错误信念指导下的行动，往往会使人误入歧途。例如，曾有一个女人兴奋地告诉我：商店里的女售货员多找了她50美分。我问她是否打算把钱还回去，并把过错揽到自己身上。她幸灾乐祸地回答："那是不可能的！那是她的过失，跟我有什么关系？如果她少找了我50美分，而我又没发现，那我现在不也得忍着吗？"

　　这就是很多人做事的风格，他们可以无所顾忌地去侵占别人的财产。这种小人的行为，完全暴露了他们的秉性。

　　一名资深的会计师曾向我说出当年他面试的情形。当他应征一家公司的会计师时，那家公司派了一个心理咨询师来对他面试。因为那家公司经常要处理很大数额的款项，所以面试官这样问他："假如你有机会偷偷进入电影院免费看自己喜欢的电影，你会那么做吗？"面试官知道：假如一个人在小事上都不够诚实，那么让他处理大事的时候，他会更加肆无忌惮了！

　　耶稣曾说过："凭他们给你的苹果，你就能知道他们是什么样的人。"是的，行为可以作为评判人的标准。如果我们不能以良好的信念去指导自己，那么一切都将是空谈。我们培育出的苹果将是苦的，我们的生命也是毫无价值的。我们一旦有了坚强积极的信念，那么就一定要严格地遵照它付诸行动！

# 勇于承担责任

/

人们会将自己的不幸归因于复杂的世界，
其实他们并不知道成功是要付出努力的，
只有冲破这道壁垒才会更接近成功。

/

在我的小女儿开始学习走路以后，有一次，她不小心摔倒了。等她起来后，刚好看到了旁边的凳子，就顺势给了它一脚。对于孩子们来说，这种行为再正常不过了。他们喜欢责怪那些没有生命的东西，或是毫不相干的人物，似乎这样就可以除去心头的闷气。可是，如果这种行为是由一个成人做出来的，你一定会认为他是一个白痴。

事实上，类似的事情经常可以在成人身上看到，人们普遍存在一种推卸责任的倾向。这是为什么呢？仔细想想并不奇怪，因为责怪别人比承担责任要容易得多。亚当在偷食禁果之后，就把过错都推到了夏娃的身上："都是她引诱我，否则我是不会吃的！"如果他们真的是我们的祖先，那么我们现在的这些行为也就可以说得过去了。

一个人走向成熟的第一步就是勇于承担责任。人世间总是会有许多坎坷，如果我们在跌倒后总像孩子一样去踢椅子解气，那么我们永远都是不成熟的！对于不成熟的人来说，外界的条件总是他们抱怨的借口，就好像这些因素真的是他们失败的原因一样。他们对待失败的办法就是想方设法去寻找一只替罪羊！

记得有一次，一个学员在下课后找到我，和我谈论课上讲的东西与她的实际情况有些矛盾。那天我所教授的内容是"记住别人的姓名"，她对我说她的记忆力很差，根本无法记住别人的名字！我问她："为什么呢？""这都是遗传基因决定的！"她回答说，"我的家族成员记忆力都不好，我从小就没指望在这方面能够有所改善！"

我诚恳地回答："小姐，你的问题不在于你的记忆力有问题，而是喜欢推卸责任！因为你认为责怪家族的遗传因素要比努力提高记忆力容易得多，如果你不相信，我可以证明给你看！"

于是，我和她一起做了几个简单的记忆训练。由于她很专注地和我一起坚持了下来，最后的成绩非常令人满意。推脱责任并不是解决问题的好办法，只有承担责任并为之付出努力才会让事情变得有所起色。

历史上，敢于承担责任的名人不占少数。亚伯拉罕·林肯出身卑微，然而他从来没有抱怨过自己的父母，也没有想着去责怪别人，他在1864年做了这样的一个陈述："我对信奉基督的美国人民、不可逆转的历史以及上帝的最后宣判都负有责任！"这可以说是人类历史上最无私的宣言了。

# 第六章

# 家庭幸福快乐的方法

在为理想奋斗的过程中，你必须要抛弃自身的安全与幸福。上帝偏爱勇敢与坚强的人，如果你希望自己的爱人有所成就，你就应该给他一个尝试的机会，去尊重他的事业选择，同时也要有足够的勇气与他共同面对困难。

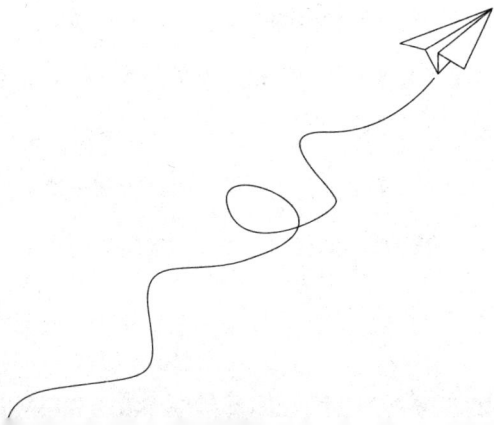

# 切勿喋喋不休

在地狱中，魔鬼为了破坏爱情发明了很多办法。

而这其中一个有效的办法就是唠叨，

它就像眼镜蛇咬人一样，总是会致命！

爱情是最让人琢磨不透的，我们经常会在偶然间遇到心仪的人，在相互了解的过程中逐渐加深感情，直至结婚生子。可是，事实证明，婚姻生活往往不是一帆风顺的，它少了很多浪漫与激情。到底是什么让一段看似美好的恋情最后滑向离婚的深渊？

拿破仑三世是拿破仑大帝的侄子，他登基后不久便爱上了一个社会地位低下的女子尤琴。拿破仑三世并没有受到世俗观念的影响，他反驳别人说："那又怎么样呢？我爱的是她的高雅与年轻，她是美丽与妩媚的完美结合体，当我看到她的时候，我会感到很幸福！"不久，他们就结婚了。但是，与人们的祝福相反的是，他们的爱情圣火很快就变得黯淡无光。

虽然拿破仑赐予了她无上光荣，可是他却无法阻止她对自己的唠叨与挑剔。似乎在她嫁入皇室的时候，就被魔鬼附身了。她受到嫉妒的蛊惑，对任何事情都疑神疑鬼。她甚至藐视皇权，对拿破仑三世的命令完全不放在眼里。

当拿破仑同大臣们研究国家大事的时候，她会旁若无人地从他们眼前走过，向他细数宫里侍女的不是。当他欣赏良辰美景的时候，她会在一旁突然喊叫起来，甚至会唠叨个没完。当他走进书房想要博得片刻清净的时候，她会在外面监视，防止他和其他的女人亲热。她心情不好的时候，更会冲进去对他大声斥责。她曾很多次地跑去她妹妹家里，向她诉苦，向她抱怨自己没能找到一个好丈夫。

虽然拿破仑三世拥有十几处华丽的宫殿，但是他却找不到一间不受她干扰的小屋！谁能想到尤琴美丽的外表下竟然藏着一颗这样的心？她做得如此过分，那么，她得到了什么样的结果呢？

哈莱特曾写过一本书，名叫《拿破仑三世与尤琴：一个帝国的悲喜剧》。在那里面，他曾提到：拿破仑三世常常在夜间，趁着尤琴还在熟睡之际，偷偷跑出宫去寻找一个爱自己的美丽女人。他经常戴着软帽，穿着风衣，生怕被别人认出来。亲信们陪着他在巴黎这座古城里呼吸着宫里从未有过的自由空气，他们一同激动地欣赏着这个繁华的世界。

这就是尤琴得到的结果。唠叨让她失去了一个曾深深爱过她的男人。她贵为皇后，是世界上最美丽的女人。可是，她的尊贵与美丽在脆弱的爱情面前显得一文不值。她就在那个曾经举办过婚礼的礼堂，大声地哭喊："天啊！我最害怕的事情，终于发生在我的身上了！"

难道这场灾难是上帝赐予她的吗？我看她完全是咎由自取！她的猜忌与喋喋不休反而让人们看到，她就是全世界最可怜的女人。

俄国的大文豪列夫·托尔斯泰逝世时，他的夫人悲痛万分。当她发现唠叨对一个家庭带来的伤害时，已经太晚了。她对子女们说："都是我害死了你们的父亲！"但是，她的孩子没有回答她，他们抱在一起哭得更厉害了。他们能说什么呢？这的确是事实，要不是母亲对父亲没完没了地批评和唠叨，他们可敬的父亲又怎么会郁闷地辞世呢？

托尔斯泰是历史上最著名的小说家之一，他最著名的两部小说是《战争与和平》以及《安娜·卡列尼娜》。他受人爱戴，他的崇拜者遍布世界每个角落。他的话被奉为经典，俄国政府甚至将"我想我该去睡觉了"这样的话都编进了他的语录。

是的，人们认为他拥有名誉、地位、财富以及一个美满的家庭。很多人都在向上帝祈祷，希望自己也会像他那样受人景仰。然而，好景不长，托尔斯泰渐渐地改变了写作的风格。他对自己曾写过的巨著感到羞耻，他开始写那些宣传和平、解除贫穷的小册子。他还将自己的产业分给别人，自己去种田、伐木、做鞋、清扫以及做一切贫苦人经常做的事。

他的一生就是一幕悲剧，而造成这个结果的一个主要原因就是他失败的婚姻。他和妻子之间有着很多的分歧：妻子生活奢侈、追求名誉、渴望财富，而这些都是他所看不惯的，他觉得这一切对于实现人生价值毫无意义。

当他将自己的稿费悉数分给穷人的时候，他的妻子就会在一边不停地唠叨，甚至一直不停地哭闹或是责骂他，说他忘恩负义，没有把挣到的钱留给自己。她还总是挑剔他的外貌，说他走路一瘸一拐，就像个企鹅。她让他挺起胸膛，用脚尖着地，这样看起来才像个绅士。她就像个老太婆一样，在旁边指手画脚。

可是，托尔斯泰是极有涵养的一个人。他怎么会同这样粗俗的一个女人一般见识呢？他越是不理会她，她就越是歇斯底里。她会在地上打滚，手中拿着一瓶毒药扬言自杀，或者是跑到外面的井边，威胁托尔斯泰自己要跳井！

如果你觉得这已经足够令人震惊了，那么下面的这一幕是否会让你觉得他们可怜呢？

一天晚上，这位风华已逝的女人突然觉得自己少了点什么。当她看见自己的丈夫苍老的身躯时，她明白了，她缺少的正是迷失在现实世界中的爱情。她看着自己的丈夫，怎么就再也感受不到他的热情了呢？她走到托尔斯泰的凳子前，跪了下来，乞求他为她大声读出青年时代的一首情诗。那首诗是他们曾有过的浓情蜜意的佐证，记载着那一段早已逝去的美好时光。这首诗写得那样深情，以至于48年后当他再次读出来的时候，两个人不禁失声痛哭。现实的世界和他们曾经的幻想是多么不同，这本来应该是他们的精神栖息的家园，而如今，一切罗曼蒂克似的美梦都已破灭了。

当托尔斯泰82岁的时候，他已经无法再忍受家里这种令人压抑的氛围。于是，在1910年10月的一个夜里，他独自偷偷离开了这个家，消失在皑皑大雪之中。可是，他能去哪儿呢？11天后，他因患肺炎死在火车站外面的月台上，他的临终遗言是：不许她来祭拜！

这就是她唠叨、抱怨以及歇斯底里的后果。也许你会想，她唠叨、抱怨、歇斯底里也是为了满足自己的利益需求，有的时候可能还是因为这个家，那也是无可厚非的啊！但是，我要告诉大家的是，那并不是我们要讨论的重点。我们讨论的是：唠叨究竟让她得到了什么好处？唠叨是不是把事情弄得更加糟糕了？

托尔斯泰夫人在晚年的回忆中，这样说道："我就是一个神经病，我打心眼里就是这么认为的！"可是这有什么用呢？一切都太晚了。

这就是尤琴皇后和托尔斯泰夫人唠叨的后果，她们收获了什么？除了悲剧，什么都没有收获。所以，如果你要维持家庭生活的幸福快乐，请千万不要对爱人唠叨！记住，千万不要！

# 注重生活小事

/

对待所爱的人，要时常挂念着他，

希望他过得愉快。

而他所表现出来的快乐也一定会带给你同样的感受。

/

　　自古以来，花儿就被赋予了浪漫的色彩。男孩子喜欢在恋爱的时候，为女方买上一束花，借花语来表达自己的誓言。但是对于那些已婚的男人来说，他们就很少为妻子买花了。在花季的时候，它们并不是很贵，可是对于男人来说，那些花就好像是阿尔卑斯山峭壁上的薄云草那样难以买到。

　　为什么你非得等太太生病了，才会想起来为她买花呢？何不在今晚就带给她一束鲜花？你知道这样做会给爱人带来多大的惊喜吗？

　　乔治·科恩恐怕是百老汇中最忙的人了，但是他每天都会给母亲打两次电话，一直到她去世为止。你会不会认为他每天都会带去一些惊人的消息？没有，他做这样的小事只是想让母亲知道：在乔治的心中，妈妈是他所爱的人。他会时刻想念着她，他想带给她幸福快乐！

　　女人都很重视自己的生日和结婚纪念日。为什么会这样？没有人能说清楚，这更增加了女人的神秘色彩。男人们通常对日期不怎么感兴趣，虽然他们忘记了很多日子，但是依然可以凑合着过完一生。然而，一个好男人不应该忘记下面的日期：哥伦布发现新大陆（1492年）、美国独立（1776年）、太太的生日、结婚纪念日。比起前面两个日期，对于一个男人而言，后面的两个更为重要。

大多数的男人都低估了家庭小事的重要性。比如说，有些女人喜欢在家里放纵一下自己。她们可能会向你撒娇说："亲爱的，把饭端到床上来吃吧！"这时你会怎么做呢？你会斥责她吗？要知道，这样的事对女人来说，就好像美食对你的诱惑一样。类似这样的小事情，如果你能多注意观察，那对于维持长久感情，保证婚姻质量是相当重要的。

有这样的一首小诗，我觉得写得很好：

我知道
失去的爱，带走了我美好的时光
我不知道
失去的爱，都是在小小的地方

在这个世界上，每天发生的离婚案件不计其数。可是这些婚姻的破灭，究竟有多少起源于巨大的隔阂呢？假如你能耐着性子，去听听那些夫妻的吵架，你很快就会明白："失去的爱，都是在小小的地方。"

请拿出一张纸，将下面的这段话抄下来，然后贴在洗手间的壁镜上。这样，每天早上你刮胡子的时候，就会第一眼看到它。

时光逝去不再来，我真心地希望度过一段美好的人生。因此，凡是有益于别人，而又在我能力范围之内的事，我将不遗余力去奉献自己的力量。那些可以向我的爱人表示亲切的话，那些可以向我的亲人表示慈善的事，我现在就要付诸行动。我不会再去拖延时间，我也不会再去疏忽生活中的小事，我为了幸福而活着，所以我要牢记：时光逝去不再来！

请记住上面的这段话吧！用它去指导你的行为，你会爱上这个温暖的家！

# 家庭成员之间也要有礼貌

/

作为女人，如果你想要拥有一个幸福的家庭，
那么对待自己的丈夫就要像对待贵客一样彬彬有礼。
如果你蛮不讲理，那无异于逼他离开自己。

/

谦厚有礼对于婚姻，就像机油对于马达一样重要。很多人在与自己的情人第一次约会后，就能和他一直甜蜜地生活下去。他们的生活是如此快乐，以至于人们都会在一旁不停地猜测与妒忌，到底他们过上快乐日子的秘诀在哪里呢？

邓璐之夫人是美国最伟大的演说家詹姆斯的女儿，当她第一次见到邓璐之的时候，就和他一起开始快乐的生活了。她对我说："要想拥有一个幸福的家庭，对待自己的丈夫就要像对待贵客一样彬彬有礼。如果你蛮不讲理，那么任何男人都会跑掉！"

蛮不讲理是吞噬爱情的癌细胞。虽然我们心里都明白不讲理是多么让人厌烦，但是我们对待自己的亲人往往不及对待外人那样有礼貌。对于陌生人，我们不会轻易去打断他的话，说："天啊！你嘴里溜出来的总是那些陈词滥调！"没有得到朋友的允许，我们不会偷偷去拆开他们

的信件，窥视他们的秘密。

可是对于家里人呢？我们是否对这些本该最亲密的人做了许多不该做的事？我在此引用陶乐丝·迪克斯的话作为回答："非常令人惊讶的，也是千真万确的：唯一对我们口吐难听的、侮辱性的、伤害感情的话的人，往往就是我们的家人。"这真是一件奇怪的事，想想看，那些爱我们的亲人得到的往往是我们的训斥，这太让人遗憾了。

男人通常为了生计在外面奔波。或许是因为工作出了差错，或许是因为没有赶上最后一班公交车，或许是因为其他的一些原因让他生气了，当他回到家的时候，毫无意识地就把气出在家人身上了。

这种无意识的行为往往就是引起争吵的主要原因，很多人都不以为然，他们对自己的老婆大吼。这是因为他们不懂，在个人的幸福方面，婚姻比事业更加重要。或许我们都应该向荷兰人学学。在荷兰，要把鞋子留在门外面，才能走进屋里。那么，我们是不是在进屋前将烦恼留在门外，然后面带微笑地走进房门？是的，这就是一个好男人应该做的！

其实对于一个男人来说，应该谨记下面这些事情：1.奉承可以使妻子不厌其烦地做任何事情。2.夸奖可以使妻子更加愿意去管理家庭，为自己节省更多的清洁费用。3.热吻可以使妻子知道自己是多么爱她，要知道，她是多么希望和你亲昵。4.赞叹可以使妻子努力加强自己的剪裁能力，那样她就宁愿放弃去买巴黎时装。

而这所有的一切，都源自你对她真诚的爱。只有你真正地去欣赏自己的妻子，她才会给你一个幸福的家庭。

# 尊重爱人的事业选择

没有女人希望自己的丈夫碌碌无为，
当你的爱人在一个十字路口做出重要决定时，
你是否愿意去支持他呢？
爱他就要给他一个尝试的机会，爱他就要和他一起去克服困难。

　　我的祖父查尔斯·罗伯特森是一个具有开创精神的人。19世纪80年代，他带着一家人前往边界殖民区印第安·泰利特里开始新的生活。他们全部的财产就是几件衣服外加一个敞篷的马车。祖父在那里建造了一间木屋，又圈起了一片土地，之后就开始了艰辛的创业。

　　我的祖母是一个能够吃苦耐劳的女人。在当地没有医院、没有像样的学校，她的身体又不好的情况下，她还要带着九个孩子完成母亲的职责。她没有抱怨祖父带给她一个不够舒适的生活，相反，她积极支持祖父的决定。在有生之年，她看到了自己的丈夫成为受人尊敬的居民，自己的孩子一个个地结了婚，更重要的是，印第安·泰利特里在像他们这样的人的开垦下成了联邦政府的一个州。

　　有人说，联邦政府中这些州的发展，是英雄们深入不毛之地开拓的结果。可是他们不知道，在这些英雄的背后都有一个勇敢的妻子。她们勇敢地去跟随自己的爱人开拓天地，她们信仰上帝，信任自己的丈夫，敢于同危险、困苦、疾病和死亡做斗争。

就这样，她们忍受了一切困难，跟随丈夫来到这些荒凉的地区。她们也由此为自己的人生写下了灿烂的一页，也为后代留下了巨大的精神财富——不屈不挠的勇气以及坚定执着的信心。

每一个女人都渴望自己的丈夫能够出类拔萃，但是她们自己是否曾有过这些拓荒前辈的刻苦精神呢？妻子应该嫁夫随夫，即使丈夫的做法有些冒险，即使前方的道路有些曲折，她们也应该毫不犹豫地去支持他，给他不断进取的勇气。那些能够不顾一切去追随丈夫实现愿望的妻子，又怎么能够因为其他的原因而轻易退缩呢？

可是，现实中还有另外一种女人，他们目光短浅，硬是将自己的丈夫从成功的路上拉了回来。我认识的乔治就是这样一个人，只因为他的妻子不惜一切代价也要寻得一个安稳的生存环境，就使他在自己无足轻重的岗位上耽误了一辈子。他对我说：

我大学刚毕业就被分到了一家公司做会计。渐渐地，我赚了一些钱，凭借我的能力和人际关系网，我非常想在结婚后就开一家汽车修理厂。然而，我的妻子认为这条道路行不通。她说我们还没有自己的房子，投资商业可能会给家庭的经济运作带来毁灭性的灾难。

就这样，我们依靠自己的工资慢慢地攒钱。等到我升职的时候，我的薪水已经足够家里的日常开销，我为她买了失业保险，为我们的孩子存储了教育基金。日子似乎过得很滋润，太太这时候就开始劝导我不要辞职，不要冒险去投资。那看起来很可笑，如果我失败了，我将会失去每年可观的工资收入。等我老了，也不会有人给我发退休金、医疗保险金等等。

我想了想，觉得她说得也有些道理。于是，我打消了开创新事业的念头。现在，我老了，随着公司的新老交替，我被排挤出了管理层。生活似乎对我也不再有意义，我觉得自己碌碌无为。每天我能做的事就是擦擦汽车，给它上点润滑油；或者领着我的小儿子到公园里漫步，看着他和其他的小朋友一起嬉戏，回想着曾有过的热血青春。

我常常无奈地看着我的太太，是她剥夺了我开始另一段美好人生的机会。我也在想：即使我放弃了高薪的工作，即使我创业失败了，但我依然会为自己敢于奋斗的精神而骄傲。或许在失败中，我也可以更好地找到自己的位置。或许在失败后，我可以品尝到胜利的果实。可是，现在说什么都晚了，我深深地体会到了什么是时不我待。

可以说，这个人本来可以给家人带来更好的生活，可是他背后的女人没有给他强有力的支持，这使得一切都化为乌有了。幸好，这样的女人在生活中存在的比例并不是很大。

查尔斯·雷诺兹曾是俄克拉荷马州杜尔沙市一家大石油公司的财务助理。他年轻、能干，很讨公司高层的赏识。他还有一个幸福的家庭，他爱他的妻子以及三个孩子，在外人眼中他是一个成功人士。

查尔斯有个小小的爱好，他在业余的时间喜欢画画。他的家里、办公室里到处都挂着他的作品。凡是看过他作品的人都会为其中的意境所折服，很多人还会向他购买这些画，他从中得到了很多的乐趣。

虽然查尔斯对自己的工作很满意，但是他仍然希望自己可以有更多的时间去挖掘自己的天赋。他梦想着自己可以居住在新墨西哥州的欧斯城，因为那是艺术家们的天堂。如果他可以搬去那里，他就会每天去和美国最好的画家切磋技艺，那样的生活真是太让人感到满足了。

于是，他向妻子说出了自己的想法。

他太太是一个极开明的人，她鼓励他说："亲爱的，我相信你能将自己的人生规划得很好。我们可以在那里开一家绘画用品店，我负责打点店面，而你则可以在一边画画，这真是太好了。我相信我们一定会成功的！"由于太太对自己的想法非常支持，查尔斯决定辞掉工作，开始崭新的人生。他们在新的环境中确实做得很好，尤其值得赞许的是，小儿子在他们的熏陶下，也具有了开创精神。

查尔斯在多年的努力后，终于成为美国西南部最著名的画家之一。他在美国举办了巡回画展，他是欧斯城画家协会的会长，他还在欧斯城闻名遐迩的基特·卡森街上创建了自己的画廊，而这一切都是因为他和他的妻子敢于放弃既有的生活，去尝试新的生活方式。

也许你会认为，这只是一个特例而已。然而，正像范狄格里夫将军经常在战前动员中所说："上帝偏爱那些怀有勇敢与坚强的人。"男人们取得许多伟大的成就，可能都是因为妻子愿意奉献自己的一切，愿意去适应一种新的生活方式。

威廉·布斯是一名牧师，经常在伦敦的贫民窟对穷人布道。他的工作给家庭带来了寒冷、饥饿与嘲笑，可是他的妻子与他相扶到老，毫无怨言！

他的妻子患有脊柱弯曲症，必须使用石膏才能固定住上身，她还忍受着肺结核的痛苦。然而，这位瘦小多病的女人不仅要料理家务，照看八个子女，还要帮助丈夫向那些比自己更加贫困的人传道。每天晚上，她还要克服白天的劳累到贫民窟去为一些未婚先孕的女子准备饭菜、铺床或是找寻可以安身的处所。她经常要和流浪汉、小偷还有妓女共处一室，去安慰或是教育他们。

当牧师协会准备为他单独换一个好一些的工作环境时，他马上站起身来叫道："不，不，我和妻子生死不离！"

就这样，这对夫妻一直在一起忍受着常人无法想象的困难，去帮助那些更加需要帮助的人。我真希望他的妻子能活得更久一些，这样她就能看到她为丈夫所做的得到了多么大的成果。我真希望她在天堂能够看到当他的灵柩经过的时候，伦敦的街头拥挤着6万多向他深深鞠躬的人们。就连伦敦的市长、美国的总统也送来了花圈。

是的，在为理想奋斗的过程中，你必须要抛弃自身的安全与幸福。上帝偏爱勇敢与坚强的人，如果你希望自己的爱人有所成就，你就应该给他一个尝试的机会，去尊重他的事业选择，同时也要有足够的勇气与他共同面对困难。正如莎士比亚所说："疑虑会背叛我们的心灵，害怕追求会让我们失去可以赢得的东西！"

# 摆脱忧虑困扰

/
可以说，每个人都曾受到过忧虑的困扰。
忧虑的影响说大不大，说小不小，
全在于你将它放在了一个什么样的位置。
/

忧虑是我们日常生活中比较常见的一种心理疾病，不过，在图书馆、实验室从事工作的人则很少会染上这种疾病。并不是因为他们天生就对它有免疫力，实际上，他们是无暇顾及！

一个名叫玛丽安·道格拉斯的学生向我讲述了自己是如何克服忧虑和烦扰：我曾在两年内失去了两名心爱的子女，当时，我和妻子几乎绝望了。我曾用药片来麻醉自己，用旅行来放松自己。然而，我始终无法忘记悲伤，建构美好生活的信心也受到重创。我的小儿子似乎受到了上帝的指引，帮助我脱离了忧虑。一天下午，我的小儿子拉着我的衣襟说："爸爸，你能不能为我造一条船呢？"我实在没心情陪他玩儿，可是他太能缠人了，我只好依着他。

造那条船大概花费了我三个小时。等到造好的时候，我才发现：这三个小时是我失去孩子后最快乐的一段时光。我如梦初醒，原来当你忙着做一件事情的时候，就很难再去考虑另外一件事了。于是，我开始环视整个房间，把所有发现的问题列在一张纸上。比如说修缮书架、楼梯、窗帘、门锁、龙头等，这些事情加在一起足有242件之多。当我把这些事情都做完的时候，已经是一个月之后了。我的心情得到了安抚，我也从中受到启发，开始参加各种各样的商业活动。现在，繁忙的工作已经使我淡忘了那件事，生活终于恢复正常了！

心理学有一条基本规律：不论一个人多么聪明，多么与众不同，他始终不能同时想两件事情。所以，我们不可能一边兴奋地做一件事情，另一边又因为忧虑而拖延下来。我们只能选择其一，或是轮流去想两件事情。当我们不忙的时候，头脑里的忧虑等情绪就会慢慢浮现出来。如果情况严重的话，它们还会占据我们的大脑，将那些平静的、快乐的思想都赶出去。

这一点，你可能会有所体会。当你下班回家后，你会感到很轻松吗？情况往往是这样：在稍事休息之后，忧虑会马上找到我们。这个时候，你就会想：今天我的工作有进展了吗？进展是不是很小呢？上司今天跟我逗趣的那几句话是不是在暗示我什么呢？我的头发开始秃了吗？这些都是经常困扰我们的，那么，我们有什么办法可以摆脱这些忧虑呢？

第一点：

不要因为小事而垂头丧气！我们一般都能很勇敢地面对生活中那些

大的挫折，可是我们却也常常被一些小事搅得垂头丧气。实际上，要想克服一些小事引起的烦恼，你只需要把重点转移一下就可以了。我们生活在这个世界上只有短短的几十年，可是我们常常浪费了太多的时间去为那些小事而发愁。为什么我们不把有限的时间分配给那些积极的想法，让那些想法指导我们的行动，让我们得以享受更多美好的东西呢？

哈瑞·福斯迪克讲过这样的一个故事：在科罗拉多州长山的山坡上，有一棵大树的残躯。植物学家说它曾经生长了400年。在它漫长的生涯中，曾遭雷击14次，遭受无数次的狂风摧残。可是，不管外界气候变化有多么恶劣，它都能克服。不过有一年，它遭受了虫灾。小小的甲虫让它不知所措，它们从根部向里面进攻，渐渐地冲到了树干的中心部分。就这样，一棵在岁月中没有服老，在暴风雨中依然挺立的大树，居然败在了两根手指就可以碾死的小虫子身上了。

我们不也像森林中那棵身经百战的大树吗？经历了大风大浪的我们，千万不能因为在小事上的烦恼而影响了自己的一生。

第二点：

计算你所担心的事情发生的概率。有些人天生就容易忧虑，他们担心被闪电击中，担心乘坐的火车出轨。他们从来没有想过这些事情发生的概率，就在那里做出一副杞人忧天的样子，让自己受罪，让别人看笑话。忧虑一般起源于害怕，小孩子由于本身的弱小，所以常常会担心许多事情的发生。这时候，父母没有及时发现问题，他们就会将这种习惯保留下来，直至死去。这种事情看起来确实是很荒谬，如果他们能仔细考虑一下事情发生的概率，他们90%以上的烦恼就会自然消除掉。沙林夫人向我讲述了她自己经历的事情：

我和丈夫去落基山上露营。碰巧那天晚上，我们赶上了暴风雨。帐篷在风中摇晃着，发出尖厉的叫声。我看着它不住地想：完了，帐篷要被吹垮了，我会被吹上天去！这时候，我的丈夫对我说："亲爱的，我们的印第安向导已经有很多年这方面的经验了，他们说从未出现过帐篷被吹跑的先例。即使帐篷真的被吹跑了，我们还可以躲到别人那里去。所以，你根本不用紧张。"结果，事实证明我多虑了，那一夜什么也没有发生。

乔治·库克将军曾说过："几乎所有的忧虑和哀伤都是来自人们的想象，而不是现实！"

第三点：

衡量忧虑的代价。当我们想要用钱买东西，或者是为什么事情而忧虑的时候，先用下面四个问题问问自己：我现在正在担心的问题，和我自己是否真的有所联系？在这个我所担心的问题上，我是否应该适可而止，然后把它整个忘掉？我到底应该为这件事付出多少代价？我所付出的代价是否已经超过了它所拥有的价值？

是的，对这四个问题的明确回答，基本上能让你对目前的状况有所了解。忧虑往往是需要付出代价的，如果你因为忧虑付出了太多的代价，甚至不惜毁掉自己的生活，那么你就是一个彻头彻尾的傻瓜。事实上，我们对事情的担心只需要付出一点点时间和精力就可以了。

第四点：

不要为已经过去的事情忧虑。当你在为那些已经过去的事情忧虑的时候，你就好像是在锯木屑而已。如果你认为过去的那件事本身就是一个错误的话，那么唯一可以使它有价值的办法就是很平静地分析它，从中吸取教训，再把错误忘掉。

杰克·邓普赛是前世界拳王，他曾这样向我描述了输掉拳王称号的前后经过：等到第十回合结束的时候，我虽然没有倒下，但是我的脸已经被打肿了，有很多伤痕，两只眼睛也无法睁开……我看见裁判举起金·童黎的手，宣布他获胜……我不再是世界拳王了，我失望地走过人群，走回阴冷的休息室。一年以后，我重整旗鼓，但我完全不能接受失败者的命运。这一次他仍然赢了我，我永远也找不回那个久违的称号了。我对自己说："我不能活在失败的阴影中，我要放弃拳击事业去开创新的奇迹。"于是，我集中精力走出阴影，在百老汇附近开了一家餐厅和一家旅馆，安排和宣传拳击比赛，举办各种与拳击有关的展览。这样我就没有心思去为过去忧愁了，而且现在的生活要比过去做世界拳王时还要好！

莎士比亚告诉我们："聪明的人永远不会躲在角落里悲伤，他们会挺起胸膛，找出办法，去迎接太阳！"

　　错误和疏忽是在所难免的，谁能保证自己不失误呢？拿破仑在他最重要的战役中，也无法保证自己的获胜率高过2/3，也许我们平时应对重大事件的成功率还要远远大于他呢！但是，这也不能成为我们骄傲的资本。如果你想要让这些错误变得有价值，你可以按照如下方法做：像黑人科学家乔治·卡福尔那样，在失去全部的财产后，将损失抛到脑后，然后再也不去提起，认真分析自己的错误，从中吸取教训。

　　虽说忧虑是让人烦恼的，但是我们依然可以从很多方面去想办法克服它。只有克服忧虑的困扰，我们才能享受到人生的快乐。

# 保持充沛的精力

/

疲劳、忧虑、紧张都是健康的大敌，它们会让你活得很累。

只有解除它们的负担，你才会有充沛的精力去享受生活。

/

很少有人会一直工作而不感到疲劳，也很少有人会喜欢上单调的工作。如果碰巧你就是个例外，我想你可能离精神崩溃已经不远了。

或许，你可能觉得自己时间宝贵而不舍得休息。但是，我想告诉你的是：休息并不是浪费生命，它能让你迅速摆脱疲劳，更有效率地投入到工作中。

任何一个医学专业的本科生都会劝诫你：疲劳会降低身体对生理疾病的抵抗力。任何一个心理咨询师也都会告诉你：疲劳同样会降低身体对心理疾病的抵抗力。芝加哥实验心理学实验室的主任杰克布森曾写过《消除紧张》和《你必须放松紧张情绪》两本著名的心理学著作，他在这两本书中都曾阐释道："任何一种精神和情绪上的紧张状态，在完全放松之后就不复存在了。"也就是说，如果你能放松紧张情绪，就不可能再忧虑下去。如果你不再忧虑，你就可以有更多的时间去休息，也就走出了恢复精力的第一步。

这一步之所以重要，是因为忧虑常常可以增加疲劳感。美国陆军的经验证明，如果军队减轻一点点负重，那么士兵的忧虑就会减少许多，而他们的行军速度却会明显加快。如果你让他们多带半斤干粮，他们就会怀疑自己是不是能够和大部队一起到达终点。事实证明，他们到达终点所用的时间并不理想。这真是太让人惊讶了，人的精神有时真的能对身体产生很大的影响。

丹尼尔在《为什么会疲劳》一书中指出："休息不是单纯的什么都不做，休息其实就是用一种方法使你思维破损的地方得到修补！"爱迪生认为他的无穷的精力和耐性都来自他随时入睡的能力。被称作"现代教育之父"的奥克大学校长何瑞斯·曼经常躺在椅子上和同学们谈话。历史上很多的名人都有自己独特的方法去获得休息。休息具有很强的修补能力，人只要打5分钟瞌睡就足以防止疲劳的产生。

实验证明，一天睡7个小时的人往往最长寿，而断断续续睡上7个小时的人要比连续睡上7个小时的人更具有活力。很多人喜欢用睡午觉来弥补夜间的睡眠不足，这的确是个好主意。如果你在午间不能入睡，你也可以在晚饭前小睡一会儿，这样的效果也会很好。

既然说到休息可以让你缓解疲劳，你是否想过是什么引起疲劳的呢？你可能会想，大概是我用脑过度了吧！可是，科学研究指出：单单用脑是不会让你疲倦的！这句话听起来很荒谬，但是无数人在深思熟虑之后发现自己所感到的疲劳多半由情感上的因素引起，而纯粹因为生理因素引起的疲劳是很少的。

大都会人寿保险公司的调查报告指出：忧虑、紧张和情绪起伏是导致疲劳的三大原因。可是，为什么在从事脑力劳动时，我们也会感到疲劳呢？

克西林说："几乎所有的人都相信，越困难的工作就越得用力做，否则就会失败！我们在集中精力的时候，总是喜欢皱起眉头，耸耸肩膀，让所有的肌肉都用力。而实际上，这对我们的思考根本没有丝毫的帮助。"

所以，碰到精神上的疲劳，你就应该放松，放松，再放松。

看起来很容易，是吗？不，这其实需要你花很大的力气才能把这种根深蒂固的习惯改过来！可是，如果你这么做了，你就会一劳永逸。紧张是一种习惯，放松也是一种习惯，坏习惯应该摒弃，好习惯应该发扬！

那么怎样才能放松呢？是应该从思想上，还是应该从精神上开始呢？都不是，你应该先从肌肉上开始。首先放松眼部的肌肉，然后用同样的方法去放松脸部、颈部乃至全身的肌肉。但是，你最应该重视的就是眼睛。眼睛的运动大概消耗了全身能量的1/4，如果眼睛的疲劳能够得到有效的缓解，那么你就可以忘掉所有的烦恼了。

放松需要时间和地点吗？不需要，你可以选择在任何时间、任何地点进行放松运动。但是，你唯一需要注意的一点就是，不要花费力气强求。你只要消除所有的紧张，多去暗示自己"舒适"，然后按照我上面提到的顺序去引导全身就可以了。在这个过程中，你可以不停地对自己说："深呼吸……放松……深呼吸……再放松！"要让身体的每个部位都感到一种流动的力量，要让你自己完全像一个孩子那样充满快乐！

你可能有这样的体会：当自己心中感到不快的时候，你经常会去找一个亲密的人倾诉，发发心中的怨气，之后就会畅快许多，这也是一个放松的好办法。可是，或许你是一个没有工作的女人，或许你的朋友不多，感觉我上面所提到的对你的帮助不大。那么下面的这两段话，希望你能认真体会一下。

只要你觉得疲倦了，就可以平躺下来，尽量将身体伸直。你最好躺在地板上，因为比起软软的床，地板更有利于脊椎骨的生长。闭上眼睛，心中默念：太阳、天空、海洋还有我都是一个整体，我是大自然的孩子，我们在友好的气氛中共存！

如果你目前有工作要做，不能够躺下来，你也可以坐在一张很硬的椅子上，像埃及法老那样，将双手向下平放在大腿上。这也会产生同样的效果！记住用瑜伽的方法来调节自己的气息，用均匀的深呼吸来放松神经。经常按摩脸上有皱纹的部位，展开紧锁的眉头，不要总是紧闭嘴巴！

学会放松只是以备不时之需，而真正想解除疲劳必须从良好的工作习惯着手！

让我们晕头转向的往往不是巨大的工作量，而是我们没有能够很好地规划一下自己的生活。良好的工作习惯往往是我们保存精力、克敌制胜的秘密武器。高效的工作往往需要你认真地筹划，那么按照工作的轻重缓急来排定日程就显得尤为重要！

查尔斯·卢克曼原来是一个默默无闻的人，但是他用了12年就坐到了培素登公司董事长的位置上。他说："我每天早上5点钟起床。因为我觉得那是我头脑最清醒的时候，我可以利用那段时间去计划一天的工作，按照事情的轻重缓急排定完成的顺序。"就是这样，他可以每年赚到10万美元的薪金，另外他还有100万美元的外快进账。

如果你还没有来得及去安排工作，那么我希望你能马上处理手头正要做的事情。那些需要过一段时间再做的事，不妨先放到一边。如果你的桌子上摆满了各种各样的信件、报告、备忘录，你肯定会感觉紧张或是焦虑。它们会让你觉得自己仿佛有忙不完的活，更糟糕的是它们能让你患上高血压或是心脏病！所以，你要做的就是把它们清理到一边，让自己的眼睛和大脑休息下来。

只有这样，你才能更好地应付突发事件。对于突发状况，在这里我需要提醒你的是：解决它最有效的方法就是立即做决定，不要拖延！另外，如果你是一位领导，那么我认为学习如何组织管理和监督是你必修的一堂课。很多领导不懂得如何将责任分摊给其他人，事必躬亲，结果他们很早就被累倒了。不懂得分配任务的领导，必然要受到工作压力的困扰！

　　想要保持旺盛的精力，往往需要先解除自己疲劳的负担，两者是相辅相成的。疲劳的产生往往是心理的作用，如果你经常给自己加油，适当地做些放松的训练，养成一个良好的工作习惯，那么你能将疲劳降低到最低的程度，精力自然而然也就恢复了。而精力是一切快乐的源泉，精力充沛才能更好地享受生活，享受美好的闲暇时光。

# 渡过理财难关

/
70% 的烦恼与金钱有关，
那不是因为我们有多么缺少它们，
而是因为大多数的情况下，我们没有很好地支配它们。
/

月刊《妇女·家庭》的一项调查报告指出：我们70%的烦恼都跟金钱有关！

盖洛普民意测验协会主席乔治博士说，他多年来的研究表明：大部分人都相信，如果他们的收入增加一成，他们的日子将会过得十分舒坦。在一些情况下的确如此，但是更多的时候也不尽然。

艾尔西·斯塔普利曾在华纳梅克公司担任财政顾问多年，她曾以个人身份指导过形形色色的人们——大到年收入数十万元的经理，小到车站的行李员。她对我说："对于大多数人来说，多赚一点钱并不能解决他们财务上的困扰。"仔细想想，确实有点道理。我们经常感到：当收入增加后，对生活并没有什么实质性的帮助，只是单方面地增加开支，让人更加头痛！她说："他们并不是没有足够的钱，问题是不知道如何支配手中的钱！"

或许，你对这句话不屑一顾吧！你可能会说："我真希望你来做一回我，拿我的工资，付我的账单，维持我的日常开销。只要你来试一试，我保准你会知道我的困难，不再说大话了！"其实你可能也想不到：我曾每天在密苏里的农田里做10个小时的工作。任务是那样繁重，我经常被累得腰酸背痛。你想知道我能拿到多少报酬吗？我每小时能拿到的不是1美元，不是5美元，不是10美分，而只是可怜的5美分。想想吧！那是奴隶一样的工作啊！

来看看我们每天都在做什么吧！很多人在发工资的时候，马上会想到去解解馋或是买件新衣物。当他走过专卖店的橱窗时，会不由自主地被模特身上的潮流服饰吸引，然后就毫不犹豫地将它买下来。他不会考虑房租、电费，还有无数等着他付的账单，这些迟早都是要找上他的。不过，世界上是不卖后悔药的。当他醒悟过来的时候，他的后面已经站满了讨债的人。自己的财务问题最好还是由自己来解决吧！那么，如何管理我们的金钱呢？我们应该如何进行预算和计划呢？下面就是我的六点建议：

一、将花销记在纸上。专家建议我们：至少把当月所花的钱做一个记录，如果可能的话，我们可以做三个月的记录。这是我们的一个参考，能让我们明白，哪些东西是我们必须买的，哪些是可买可不买的，哪些是完全不必要的。久而久之，我们就可以根据这个记录做一个生活预算了。

二、拟订适合自己的预算。预算的意义，并不是要压抑我们的情感，让我们放弃从生活中得到的乐趣。它的真正意义在于给我们物质安全感！很多情况下，当我们的物质安全感不受威胁的时候，我们也会免于精神忧郁。根据预算来生活的人，往往会比较快乐。那么，我们应该如何做呢？首先，就按我说的，把所有需要的开支列出一张表来。然后，写信给一些银行顾问寻求帮助。一般情况下，他们都乐意谈论你的财务问题，并帮你拟订预算。（其实，他们是在为你省钱，好让你去存款。）幸运的话，他们会为你的家庭做一个长期的规划，包括健康、养老、子女教育等。那对你是非常有益的！

三、学习如何花钱。我的意思是，学习如何将钱花在刀刃上！所有的大公司都设有专门的采购人员，他们唯一的工作就是替公司买到最合理的东西。而你身为家庭的支柱，为什么不那样做呢？

四、不要因为收入增加而头痛。斯塔普利顿夫人说她最不愿意为年收入5000美元的家庭做预算。我问她为什么，她说："因为每年收入5000美元似乎是美国大多数家庭的目标。他们可能经过了多年的奋斗才能达到这个目标，这时候，他们就认为自己是个成功人士了。于是，他们开始买新房子、新车子、新家具、名牌服饰。不久后，他们又进入赤字阶段了。他们实际上比以前过得更不快乐，因为他们把钱花得太凶了。我们都希望过高档次的生活，这是很正常的。但是从长远来看，处于预算约束下的生活要远胜于躲避债主的生活。所以，当收入增加的时候，我们也要三思而后行。"

五、如果你资金不足，可以设法争取银行贷款。很显然，贷款是最保险的办法。谁都不愿意让恶势力追在屁股后面要钱吧！

六、投资保险。现在，几乎所有意外都有相对应的保险产品支持。我并不是建议你在每一件小事上投资，但是我希望你可以为家人投保一些意外险。万一他们出了什么事，保险公司会为你支付大部分的医疗费用，这会减轻你不少负担。

以上就是我的六点小小的建议，财务问题往往是因为不慎重出现的。只要你踏实肯干，在做好预算的前提下，理清自己的生活方式，财务问题终将得到解决。

# 财富与力量

/

毫无疑问金钱是重要的，
良好的物质基础可以让我们获得优质的生活，
但是只有利用我们的头脑去分析去努力，
才能获得更多的金钱。

/

有的人也许会说钱并不重要，但是我想只有三种人可能说出这样的话。

第一种是他已经拥有了巨额的财富，比如最后只留给自己价值2500万美元股票的老洛克菲勒。他一生都在赚钱，赚了数不清的钱。可以说对老洛克菲勒来说，钱真的不重要，赚钱本身才是他最感兴趣的事情，所以最后他留给自己2500万美元的目的也不过是"到股市里去玩玩"。

第二种人明显就不那么成功了，他们往往是因为根本没有钱，所以才说钱不重要。这不单单是一种虚伪，更是一种面对生活的妥协，他们这样说，是希望逃避掉他们本应致富并造福社会、造福他人的责任——事实上，让生活变得更美好不单单是人们的权利与梦想，也是每个人都应自觉履行的社会义务。

第三种则是圣人，那些真正超然于物质世界之外，只追求内心平和的圣人。

所以，对于没有成为圣人的我们，我想还是更应该去成为第一种人，而不是第二种。

可即便是我们正在朝着成为第一种人的方向而努力，但在达到他们所取得的成就之前，我们还是得承认：很多时候，钱真的很重要！

钱真的很重要，因为钱不仅仅是放在皮夹或上衣口袋里的一沓纸，也不仅仅只是银行存折上的一连串数字，它是我们生活的保障。世界上不知道有多少人因为缺乏金钱而失去学习的机会，得不到幸福的生活，吃不饱饭，甚至死于那些本可以治疗却费用昂贵的疾病。

所以没有钱，我们就会失去保障，而有了钱，我们就可以更好地回报这个世界，因为钱是一种巨大的力量。

1905年，当老洛克菲勒渐渐年老，准备将自己的财富全部转移给小洛克菲勒的时候，《世界主义者》杂志发表了一组标题为《他将怎样安排它》的文章，文章中对小洛克菲勒所能够继承的那笔巨额财富将来的用途做出了种种预测或者猜想：人们对于世界上最大的一笔财产，即约翰·D.洛克菲勒先生的财产今后的安排很感兴趣。这笔财产在以后的几年中将由他的儿子小洛克菲勒继承。很显然，这笔巨额的财富的影响范围是如此的广泛，以至于继承这样一笔财富的人完全能够运用这笔财富去彻底地改变整个世界。

所以，很显然，钱还是一种强大的力量，足够多的金钱甚至可以强大到改变世界的格局，钱怎么能不重要？

同样，巨额财富如果用来帮助他人，也一样可以给世界带来巨大的变化，甚至改变许多人的命运：自从老洛克菲勒的儿子小洛克菲勒做出表率后，富豪们在慈善事业方面的巨额捐款屡见不鲜。而那一笔一笔的巨额捐款，无论是在教育事业、医疗事业上，还是在人道主义救援等减轻灾难所带来的损失方面都产生了巨大的作用。

试想如果世界上没有人拥有这样大笔的财富，那么即便大家愿意去帮助别人，又能起到多大的作用呢？

当然，对于大多数读者朋友而言，既不大可能贫穷得连基本的生活保障都成问题，但恐怕也无法用自己所拥有的财富改变世界的。那么金钱对于普通人来说又是什么呢？我的答案是金钱对于正走在奋斗道路上的人来说，是他们前进的驱动力。

乔·坎多尔弗出生在肯塔基州的一个小镇。1960年的时候，他拥有了第一个孩子，这本是一件喜事，可这件喜事却让坎多尔弗这位每周只有56美元收入的数学教师的生活出现了困难。从那时开始，他意识到了金钱的重要。

这时，坎多尔弗想到了自己在迈阿密大学读书时，曾经从一家保险公司购买过一份保险，这件事情启发了他。于是他找到那家保险公司，并向他们提出希望可以成为一名保险推销员。在通过了基本的测试之后，保险公司录用了他，并且答应给他每月450美元的工资，但条件是坎多尔弗必须在三个月内推销出10份保险，或者为公司争取到10万美元的销售额。

这对于一位在推销方面毫无经验的数学老师来说真的是太难了。但是坎多尔弗真的很需要钱，所以他努力地熟悉自己的业务，为了专注于工作甚至把他的妻子都送回了娘家。

可即便如此，残酷的现实仍然打击了他，第一天，他工作了整整16小时，与7个人交谈，但却没有获得任何一份合同。但是坎多尔弗并没有放弃，天道酬勤，坎多尔弗的付出终于换来了回报，在他工作的第一个星期，他就获得了9.2万美元的销售额。

当年，坎多尔弗就与那家保险公司签订了为期6个月的代理合同。为了对坎多尔弗的工作业绩进行鼓励和表彰，公司甚至还单独为他颁发了1.8万美元的奖金和特殊酬劳。

在这样的坚持不懈的努力下，1976年，已经成为保险业传奇推销员的坎多尔弗的总推销额已经达到了惊人的10亿美元。

而当别人问起坎多尔弗的成功经验时，他给出了这样的回答："我的成功秘诀非常简单，那就是为了赚钱我可以付出比别人更多的努力，吃更多的苦，而大多数人不愿意这样做。"

坎多尔弗的故事告诉我们，只要我们意识到了财富的重要，意识到了金钱的力量及其所能带来的改变，也许就是我们成功的开始。为了改变生活，大家一起努力去赚钱吧。

卡耐基：人性的弱点

版式设计：蒋碧君

文字编辑：柴 娜 王心斋

美术编辑：刘晓东